西山东海集

写在学术边上

邓耿 著

长江出版传媒 长江文艺出版社

图书在版编目（CIP）数据

西山东海集 ：写在学术边上 / 邓耿著. -- 武汉 ：
长江文艺出版社，2024. 10. -- ISBN 978-7-5702-3779
-1

Ⅰ. C53

中国国家版本馆 CIP 数据核字第 2024G1A746 号

西山东海集 ： 写在学术边上

XISHAN DONGHAI JI XIE ZAI XUESHU BIAN SHANG

责任编辑：张　贝　　　　　　　　责任校对：毛季慧
封面设计：胡冰倩　　　　　　　　责任印制：邱　莉　丁　涛

出版：长江出版传媒 | 长江文艺出版社
地址：武汉市雄楚大街 268 号　　　邮编：430070
发行：长江文艺出版社
http://www.cjlap.com
印刷：武汉市籍缘印刷厂

开本：880 毫米×1230 毫米　　1/32　　　印张：7
版次：2024 年 10 月第 1 版　　　2024 年 10 月第 1 次印刷
字数：104 千字

定价：48.00 元

本书承蒙清华大学引进人才启动经费和写作中心"教改四期"项目资助出版,特此致谢!

甲部　文明与演化

衰亡与复兴

一

　　自从传说中的罗慕洛选在台伯河畔的七丘台地建城以来，罗马城经历了一千年的持续营建，无数建筑奇迹从此处涌现。在今日依然留存的罗马帝国时代公共建筑中，万神庙（Pantheon）是体量最大、保存最完整的一处。不仅如此，直到 19 世纪现代建筑兴起之前，它一直保持着室内单跨空间最大的纪录（直径 43 米)[1]。在这一点上，中世纪基督教建造的所有教堂，包括东西教会的圣彼得大教堂和圣索菲亚大教堂，都没有超过万神庙。

"忆昔开元全盛日，小邑犹藏万家室"，经历过盛世的老杜后半生喟叹不已的始终是明皇时代的辉煌。有甚于此，千载之后的来者有幸目睹上述建筑遗迹时，也很难不去思考伟大的罗马如何成为断壁残垣，正如吉本的著名自述所说，

It was at Rome, on the 15th of October, 1764, as I sat musing amidst the ruins of the Capitol, while the barefooted friars were singing vespers in the Temple of Jupiter, that the idea of writing the decline and fall of the city first started to my mind. (那是在罗马，1764 年 10 月 15 日，我正坐在卡皮托山的废墟上沉思，忽然传来神殿里赤脚僧的晚祷声，我的心中首度浮出写作

---

① 付知子：《中外建筑史》，武汉大学出版社 2015 年版，第 78 页。

这座城市的衰亡的想法。)①

对于黑暗时代的中世纪欧洲人而言，罗马的伟大遗迹恐怕不过是一项与己无关的上古奇迹，与他们业已沦落到泥土与尘埃中的浑浊现实并无关联。但作为接续了从彼得拉克开始的人文主义传统的历史学家，吉本并不这么看，他一方面讴歌罗马以及希腊曾经拥有的光荣伟大，另一方面开始认真探索古典文明衰亡的原因。这种行为的动机不仅仅是学者们在文艺复兴运动中自觉地将古典文明作为自己的精神乳母予以接续，更重要的是过去的衰亡原因很有可能对他们当时及今后文明的兴盛有着重要的借鉴意义，在中国此之谓"如何跳出历史周期律"②。

时至今日，文明的衰亡依旧是历史哲学和政治哲学追索不已的问题。过去的 20 世纪见证了人类信心跌到谷底的斯宾格勒式《西方的没落》，也同样见证了福山式的

---

① Edward Gibbon, *The History of The Decline and Fall of the Roman Empire*, Vol. 1, Encyclopedia Britannica, Inc. 1923, pp. V.

② 黄炎培：《延安归来》，东北书店 1946 年版，转引自《延安民主模式研究》课题组编：《延安民主模式研究资料选编》，西北大学出版社 2004 年版，第 220 页。

《历史的终结》，为后冷战时代打了强心针。然而文化形态学观察终究只是一种具有特出影响力的修辞，并不是真的能够实证。而"最后的人"与自由主义观念的乐观也在新千年到来之后随风而逝，就连福山本人都不再坚定①，对文明前途的忧虑再次回到学界和大众面前，以至于新时代斯宾格勒的某些拙劣拥趸都可以名噪一时。

二

衰亡与复兴的历史规律究竟是什么？这个问题当然过于宏大，不可能在本文中全面论及。如果我们回到古典文明本身，对于罗马的衰亡，历代学者业已给出诸多基于不同角度的分析，尤以吉本在《罗马帝国衰亡史》中的深入全面分析影响最大。吉本认为支持罗马光荣的尚武精神和共和传统在开疆拓土的过程中逐渐被东方被征服者落后的思想文化败坏，而最后扮演重要角色的是基督教的传播和勃兴，后者彻底将罗马原有的活力与美德击倒在地：

① 弗朗西斯·福山：《政治秩序的起源：从前人类时代到法国大革命》，毛俊杰译，广西师范大学出版社 2014 年版。

既然宗教的伟大目标是求得将来生活的幸福，如果有人说基督教的介入，或至少对它的滥用，对罗马帝国的衰亡具有某种影响，我们也完全可以不必惊愕或气恼。教士们卓有成效地不停宣讲忍耐和自强的学说；社会的积极向上的美德遭到了压制，尚武精神的最后一点残余，也被埋葬在修道院中；公私所有的财富中的绝大部分都被奉献给了慈善事业和拜神活动的无止境的需求；士兵的粮饷多被胡乱花在成群以禁欲、洁身为唯一品德的毫无实用的男女身上。①

　　吉本的批评在当时（18世纪的英国）自然受到教会势力的强烈抵制，但却赢得了知识界的一致推崇。然而如果同时对比东方的古典文明，这一原因似乎并不普世。同样是在3世纪面临自身困境和游牧民族的冲击而走向衰亡，东汉王朝并没有基督教的狂热影响，仅有的"宗教战争"（黄巾起义）与罗马时代延续200多年的基督教

————————

　　① 吉本：《罗马帝国衰亡史》（下册），商务印书馆1997年版，第140页。

殉教中所体现的宗教信仰程度完全不在同一量级上。王夫之在《读通鉴论》中，为东汉王朝的衰亡给出了一个与罗马尚武精神衰微完全相反的解释：

> 桓、灵之世，士大夫而欲有为，不能也。君必不可匡者也；朝廷之法纪，必不可正者也；郡县之贪虐，必不可问者也。士大夫而欲有为，唯拥兵以戮力于边徼；其次则驱芟盗贼于中原；名以振，功以不可掩，人情以归往，暗主权阉抑资之以安居而肆志。故虽或忌之，或谮之，而终不能陷之于重辟。于是天下知唯此为功名之径而祸之所及者鲜也，士大夫乐习之，凡民亦竞尚之，于是而盗日起，兵日兴，究且瓜分鼎峙，以成乎袁、曹、孙、刘之世。故国恒以弱丧，而汉以强亡。①

《读通鉴论》仅比《罗马帝国衰亡史》早一个世纪②，而这两段论述的主题惊人相似。如果将吉本的修辞

---

① 王夫之：《读通鉴论》卷八，引自船山全书编辑委员会编校：《船山全书》第10册，岳麓书社1996年版，第316页。
② 前者定稿于1691年，后者出版于1776—1788年之间。

换为褒义，他几乎描述的就是《白虎通义》之后以儒家神学治国的东汉王朝意识形态；而把王夫之笔下的文言改成英语，则与罗马共和国和帝国早期的城邦结构与军功制度如出一辙。为什么东西大帝国在如此相反的情况下，却都走向衰亡呢？

历来研究者多从二者的趋异之处进行分析探讨①，或者干脆认为两者并不可比②。但从另一些方面看来，二者的衰亡依然十分相似，就连时间尺度大体上都可以吻合。一般认为罗马的盛世是始于屋大维公元前 27 年被授予元首称号后开创的"罗马和平"时代，一直延续到马可·奥勒留公元 180 年去世。但其中朱丽亚-克劳狄王朝的后继君主和弗拉维王朝的历代君主大都声名狼藉，屋大维的继承人提比略因为耶稣在其任内被杀而背负骂名，而从他公元 37 年死后到公元 96 年安东尼王朝的涅尔瓦即位之前，克劳狄王朝后期与弗拉维王朝的九位皇帝有八位

① 沃尔特·施德尔主编：《罗马与中国：比较视野下的古代世界帝国》，李平译，江苏人民出版社 2018 年版；许倬云：《万古江河：中国历史文化的转折与开展》，上海文艺出版社 2006 年版，第 109—114 页；张朝阳：《秦汉中国与罗马帝国比较研究综论》，《唐都学刊》，2017 年第 33 卷第 5 期，第 109—113、122 页。

② 李零：《说历史比较》，《文化纵横》，2019 年第 4 期，第 60—65 页。

被刺杀、毒死或自杀，吉本笔下对他们极尽贬低之能事。为后人广泛传颂的"五贤帝"涅尔瓦、图拉真、哈德良、安敦尼和马可·奥勒留时代，总共也只延续了 84 年。

东汉王朝建立于公元 25 年，但当时还有境内诸多反叛势力，光武帝刘秀花了 12 年的时间才将其一一平定。从 37 年直到黄巾起义爆发的公元 184 年，长城以南、陇山以东的中原汉地再无大规模战争，可以说是中国历史上延续时间最长的太平时期，堪比同时期的罗马和平。但自从和帝刘肇于公元 106 年去世之后，汉朝皇帝大多短命，外戚、宦官、朝臣权力斗争不断，宫廷政变时有发生，政局也不够稳定。真正内外清明的时代也不过是光武帝、明帝、章帝、和帝四朝将近 80 年的时间。

时间是一个重要的表征量，它在不同文明间的吻合暗示我们，文明的衰亡不仅仅是蛮族入侵或宗教腐化等外部因素干预的结果，还有更重要的内源性根由，它与文明的表层运作方式并无直接联系，与是否尚武、是否崇文关系不大，而是一种更加基础的结构性根源。

三

让我们来关注一个具体的问题：五贤帝时代的帝系传承制度。吉本认为，罗马帝国衰亡的一个直接原因就是马可·奥勒留选择了亲生儿子康茂德继承帝位，而后者后来被证明是一个残暴昏庸的君主，也使得盛世从此滑落①。此说后来成为史学界的广泛共识。② 五贤帝时代的五位君主都不是前代君主的嫡系后代，这一点从屋大维以甥孙身份继承恺撒开始，便成为罗马帝国前 200 年帝位传承的常态，这在东方文明看来是十分奇特的。然而，五贤帝时代的特殊性在于，他们选择继承人并非是依据血缘远近，而是贤能与否，这与克劳狄王朝和弗拉维王朝时的情形都不相同。

弗拉维王朝的创立者韦帕芗是在暴君尼禄于公元 67 年死后的混乱局面中最终登基的，他有二子，长子提图

---

① 吉本：《罗马帝国衰亡史》（上册），商务印书馆 1997 年版，第 82—83 页。

② 例如，利奥波德·冯·兰克：《世界史 2》，陈笑天译，吉林出版集团股份有限公司 2017 年版，第 174 页；玛丽·比尔德：《罗马元老院与人民：一部古罗马史》，王晨译，民主与建设出版社 2018 年版，第 407 页。

斯首先于公元79年登基（他也是第一位以嫡子身份继承帝位的罗马皇帝），但两年后即突然去世，传言是被其弟图密善谋杀篡位。图密善被后世评价为暴君，与元老院关系紧张，但其控御的近卫军部队始终忠于皇帝。公元96年图密善被元老院密谋者刺杀，比他年长近20岁的涅尔瓦被推举为皇帝。

涅尔瓦并无韦帕芗家族血统，并且本人无子，他在弗拉维王朝时的地位来自他与韦帕芗的友谊以及对幼年图密善的照顾。但忠于旧皇帝的近卫军一直怀疑他是图密善被害的幕后主使。涅尔瓦并无军权，为了稳固自己的统治，只有选择收养继承人。他选中了时任日耳曼总督、手握罗马北方大军的图拉真作为养子，而图拉真与涅尔瓦之间也并没有血缘关系。这一选择完全是基于对统治稳固性和继承者能力的考虑，图拉真此后成为罗马帝国历史上评价最高的皇帝，元老院称其为"最佳元首"，在其治下罗马帝国疆域达到最大。这一收养开创了五贤帝时代独特的养子继承制，即从有能力的帝国高级军官中选择年龄和血统合适者担任继承人。

图拉真于公元117年在东征途中去世，没有留下儿子。在其身后，他的表侄哈德良被选中继承帝位。哈德良是一位著名的同性恋皇帝，也没有儿子。经过长期考察，哈德良收养了他妻子的远房侄子安敦尼·庇护为养子，但条件是安敦尼必须同时收养当时还不到20岁的马可·奥勒留为养子，这实际上是一种隔代指定。安敦尼与奥勒留都以宽厚贤德知名，吉本将他们在位时期称为人类有史以来最好的时代。

马可·奥勒留可能是罗马皇帝中个人修养最高的一位，他的《沉思录》是斯多葛派哲学的代表著作之一。但奥勒留是被哈德良直接从青年时代起就隔代指定的，没有亲身经历过涅尔瓦时代的混乱，也没有经过前任皇帝的培养考察，对养子继承制的必要性可能体会不深，这也造成他后期选择继承人时并未遵循养子继承制的先例。他执政前期与兄弟维鲁斯共治，后者也是哈德良选中的帝国继承者之一。但维鲁斯死在奥勒留之前，于是奥勒留便将自己的儿子康茂德推举为共治者，康茂德于公元180年即位。

回头来看，养子继承制存在诸多不可世代沿袭的因素，其中最偶然的因素可能是从涅尔瓦到安敦尼四代皇帝均无子嗣。事实上，哈德良的隔代指定已经隐隐透露出皇帝对选拔贤能制度的不放心，但人的寿命和经验总归是有限的，隔代指定毕竟不能管到两代之后，更没法阻止下一个暴君康茂德的出现。就连马可·奥勒留自己都没有想到康茂德会成为暴君，因为在其与奥勒留共治期间并无特别劣迹，就连即位之后的头几年依然受到人民的爱戴。但经历了几次未遂的宫廷政变后，康茂德性情大变，猜忌好杀，最终导致自己在公元 192 年遇刺身亡。

这并不是说，养子继承制的败坏是罗马帝国衰亡的唯一原因，而是说这一制度的败坏是其他所有制度败坏的一个缩影。养子继承制确立之初的执行者与这一制度末期的执行者之间，有着不可跨越的信息鸿沟，并且这种鸿沟不能简单通过教育或血缘来跨越。对于马可·奥勒留而言，涅尔瓦所警戒的弗拉维王朝宫廷动荡已经是一百年前的故事，恰如今天的我们轻松笑谈袁世凯时代一样，他面临的急迫任务已经不是宫廷政治问题，而是帝国越来越复杂的边境危机。然而事实是，边境危机威胁到罗马政权还要到一个多世纪之后，君士坦丁建造凯旋门上距图拉真纪功柱落成整整两个世纪，而宫廷政变则在 10 年后就重演了。养子继承制被轻易放弃的后果就是激起了皇室近亲的觊觎之心，导致祸起萧墙和皇权争夺。"殷鉴不远，在夏后之世"（《诗经·大雅·荡》），在奥勒留时代，100年前弗拉维王朝的老歪脖子树还站在卡皮托山上，天天盯着图拉真广场呢。人们永远不会吸取的教训是，越是行之有效的制度，越会因为它们系统性地消除了威胁而让人们忘记或者至少忽视了它们存在的必要性，因此也更加容易被放弃，恰如扁鹊"长兄于病视神，未有形而除之，故名不出于家"，而扁鹊自己则"镵血脉，投毒药，副肌肤间，而名出闻于诸侯"。① 换句话说，制度本身并未失效，而运行制度所需的治理经验则会慢慢流失。

四

上述案例分析说明了这样一个事实，即制度败坏的本质之一是治理经验的信息流失，这在社会演进的历程中是不可逆转的。以下我们引入一个简化的模型，推演人类接触知识和信息的总量的变化。如果没有信息技术和科技的显著进步，也没有自身物种水平上的智力进化，

---

① 黄怀信：《鹖冠子校注·卷下·世贤第十六》，中华书局 2014 年版，第 323 页。

代际的学习能力和知识总量应当是相差不大的。但每代人的学习时间总是固定的，他们面对的新时代产生的诸多信息总会占据他们学习往届经验的时间，这势必导致往届既有知识的部分缺失，即便在进行良好教育的情况下。

由于古典时代的人均寿命（50—60 岁）大体上是皇帝平均受教育时间（20—30 年）的二倍，一个简单但数量级可能大致正确的估计是，每代人的知识都会将往届知识稀释为二分之一的比例。随着每代人（20—30 年）的信息按照指数递减，社会累积的熵值会线性增加，这是由于熵与信息量的对数成正比。这种趋势不仅仅在皇帝身上，也不仅仅在继承制度上体现，而是在参与社会治理的所有人、所有制度上体现。整个社会的熵值将随着时间流逝不可避免地增加，并且越复杂增加得越快，因为不同领域的熵具有可加性。①

治理经验的传承绝不仅仅是制度公文的传承这么简单。伴随着任何制度政策的背景信息和操作细节同样是保证制度有效运行的必要因素，而恰恰是这些知识与信

① 史蒂芬·平克：《当下的启蒙：为理性、科学、人文主义和进步辩护》，侯新智等译，浙江人民出版社 2019 年版，第 15—25 页。

息最难以完成有效传递。汉宣帝刘询教训元帝刘奭的名言"汉家自有制度，本以霸王道杂之，奈何纯任德教，用周政乎！且俗儒不达时宜，好是古非今，使人眩于名实，不知所守，何足委任"①，正是诏令教条与实际操作之间巨大差异的鲜明体现。文、景以来相传百年的汉家法度终于在宽仁近儒的元、成时代被儒学替代，并进一步为西汉灭亡种下祸根，这又是制度执行细节流失的另一个证据。

分析到此，前面吉本与王夫之的分歧就可以从更高的角度来理解了。某个帝国具体的社会治理和制度形态，可能因为不同环境、不同文化、不同种族而有着不同的结构和取向，崇文、宣武各有趋异，但在演化过程中其衰败却是同样必然的，"君子之泽，五世而斩；小人之泽，五世而斩"（《孟子·离娄下》）。如果熵增的线性增长规律成立，那么五代人积累的社会熵增就将达到初代的五倍甚至以上。这种熵值数量级的差距造成社会结构的动荡，也就在情理之中了。

即使能够做到完美的教育传承，同时建立精密的官

---

① 班固：《汉书·元帝纪》，中华书局1962年版，第277页。

僚机构和社会运行体制，仍然有生物学规律阻止代际的彻底复制。东汉王朝初年的宫廷政治和教育公认是儒家典范①，但盛世也仅仅延续了不到一个世纪，其中一个不可逆转的因素是皇帝的寿命日益缩短。光武帝刘秀在位34年，62岁去世，其子明帝刘庄在位18年，48岁去世，其孙章帝刘炟在位14年，31岁去世，到了曾孙和帝刘肇登基时只有9岁，不得不由窦皇后临朝摄政。待到和帝本人在位18年、27岁去世时，就只留下了一个不到一岁的婴儿，随即夭折。东汉王朝也由此进入了宫廷政变频发的后期。

人的寿命取决于基因和环境的双重影响。天然条件下，如果自然和社会环境变化不大，每代人的基因相比父系都会有二分之一的差异，其原因是母系基因的引入。即使父母双方都有优质的基因，还会因为宇宙射线、太阳辐射等因素发生基因的自发突变，每个性细胞、每个核苷酸突变的概率大约是在百万分之一到万分之一之间②，这可以视为代际信息流失率的下限。

---

① 例如，白寿彝总主编，白寿彝、廖德清、施丁主编：《中国通史 6：第 4 卷 中古时代 秦汉时期 下》，上海人民出版社 2015 年版，第 1123—1124 页。

② 李法军：《生物人类学》，中山大学出版社 2007 年版，第 39 页。

从这个角度分析，依靠优质血统的传承似乎要比依靠教育的传承更加靠谱。实际上就在东汉王朝后期，中国开启了中古世家大族和门阀贵胄的先河，不少名门望族一直将辉煌延续到晚唐五代。然而血统也并非是完全可靠的传承方式，汝南袁氏、弘农杨氏都曾有过四世三公的纪录，但随着汉魏易代，其家族人才也在渐渐衰落。正如张华记录的时人对颍川陈氏（后来成为南朝陈的皇族）的评价：

　　　　太丘长陈寔、寔子鸿胪纪、纪子司空群、群子泰四世，于汉、魏二朝并有重名，而其德渐渐小减。时人为其语曰："公惭卿，卿惭长。"①

　　总之，代际的信息流失是时间演化的必然趋势，依靠教育、培养或血统，都只能减缓但不能消除这一趋势的发展。发达的教育、良好的血统可以使得信息留存率得以提升，但同时社会治理难度和社会系统的复杂度也会使得社会对熵值上升的容忍阈值降低。而基因的信息

―――――――――

　　① 陈寿：《三国志·魏书二十二·陈泰传》裴松之注引张华《博物志》，中华书局 1982 年版，第 642 页。

流失则是熵增的根本因素。因此，由于社会演化和制度代谢导致的信息冗余，必然会使得个体原本所掌握的有序信息日益流失，最终推动社会走向衰亡。

五

上述的分析似乎说明了斯宾格勒的正确。但如果顺着信息与熵增的思路进一步分析下去，则可以导向另一个结论，即不断创造新的有效知识和信息会弥补社会损失掉的治理信息，从而实现熵减，也即完成文明的复兴。这并非是没有实证的推测，而是被吉本时代以来的西方文明发展历程证实了的客观史实。这个问题，即为什么是西方世界发展出了现代文明，才是真正的世界历史问题①。

斯塔夫里阿诺斯在《全球通史》中曾经有一个观点，即西方在公元 1500 年之后的兴起正是因为它曾经在 4 世纪的蛮族入侵中被彻底击败，而同时代其他古典文明都

---

① 何兆武：《历史研究中的一个假问题》，《百科知识》1989 年第 5 期，转引自何兆武：《何兆武学术文化随笔》，中国青年出版社 1998 年版，第 200—207 页。

得以延续，而黑暗的中世纪提供了孕育现代文明的腐土和温室。① 但这一持论依然难以逃出西方中心论的窠臼，并且没有揭示复兴的根本原因。②

按照斯塔夫里阿诺斯在《全球通史》中的划分，人类文明经历了三次勃兴。第一次是最初的欧亚大陆古代文明（公元前 3500—前 1000 年），代表是中东周边的埃及、亚述、赫梯、巴比伦，以及南亚的古印度和古代中国的商文明。上述文明大多在公元前 1000 年前后由于外来冲击而逐渐消亡。第二次是公元前 500 年到公元 500 年左右的古典文明时代，包括罗马、希腊、波斯以及东亚的秦汉时代，它们也都在 500 年之后受到蛮族入侵而陆续陷入分裂或停滞。第三次是 1500 年以来兴起的现代文明。

古典文明时代在 3 世纪到 6 世纪经历了广泛的蛮族入侵和自我动荡，罗马退缩到希腊化的小亚细亚和巴尔干半岛，中国文明则在秦岭—淮河以南建立落脚点。与西欧不同的是，7 世纪的帝国经历北周—隋—唐的蜕变统一中国，成为中国古典文明的复兴时代，并促使中国社会

---

① L. S. 斯塔夫里阿诺斯：《全球通史：1500 年以前的世界》，吴象婴、梁赤民译，上海社会科学院出版社 1988 年版，第 454—457 页。
② 吴道如：《浅析斯塔夫里阿诺斯的全球史观》，《历史教学问题》2008 年第 1 期，第 69—71、94 页。

发生了深刻的中古变革，延续到宋。而拜占庭长期与法兰克、日耳曼并存，直到 14 世纪之后才在蛮族入侵下消亡，这又与东方 14 世纪蒙古进入中原的时代相近，造成东西方同时在公元 1400 年前后重新陷入文明低谷。

然而彼时东亚已经走出军功贵族和士族统治的古典时代，庶族地主与科举制度使得中国社会结构变得更加扁平化、科层化、官僚化，在这个意义上更加接近现代社会的运作模式。除了皇室和少数亲贵之外，明清时代的中国社会阶级流动远胜于古典时代①，其政治运作的规则至今依然在中国社会中延续。相比于西方有差距的地方在于没有发展出现代自然科学和技术，以致在 18 世纪之后军事实力迅速衰落。但辛亥革命建立了亚洲第一个共和国这项纪录，似乎说明，中国社会的现代化转型并非如我们过去设想的那么困难。

世界上存在着多种文明。既然它们能够在完全相反的社会治理方式下崩溃，那么也就完全有可能在完全相反的社会治理模式下复兴。并非只有西方文明完成了现代复兴，东亚文明的复兴与变革也曾在过去上演。斯宾

---

① 何炳棣：《明清社会史论》，中华书局 2019 年版。

格勒式的预言终究只是一种神谕，而文明依旧演进不息。

　　行文至此，关于衰亡和复兴的历史已经得到了一个十分粗略的梳理。不过，还剩下一个更具时代感的问题留给我们：这个时代会衰亡吗？

　　本文不打算在这里给出一个确定性的回答，只准备给出一些碎片化的事实。从公元 1500 年以来，现代化浪潮席卷全球，但直到 19 世纪，战争与侵略从未停止过，20 世纪前半叶的两次世界大战为人类历史种下了前所未有的惨痛记忆。但从二战后以来的 70 年来看，东西方文明都经受住了时代的考验，靠着经验和运气蹚过 60 年代和 90 年代的动荡，与之形成对比的是斯拉夫体系在 90 年代的崩溃。无论就国别史还是世界史而言，平成时代都是江湖儿女们难得的 30 年太平时光。

　　但其实时代的颓相早已显露，最先暴露的问题是技术的衰落。尽管每年的新技术层出不穷，但影响时代最根本的制造和加工技术已经多年停滞不前，摩尔定律接近其物理极限，显示出即将饱和的危险。一些关键技术正在被人们遗忘乃至失传，一个显著的例证是，1969 年阿波罗 11 号登月使用的土星五号火箭，至今仍然保持着人类历史上自重最大的太空推进器的纪录（起飞重量3038.5吨，总推力3408吨）。相比之下，各国现役（截至2021年）大型运载火箭的起飞重量均不超过1500吨。

在社会治理方面，西欧各国的当代政治体制都是战后重新调整确立的，只有英美未曾有过大规模转型。但美国制度也经历了罗斯福新政和六七十年代的民权解放运动两轮调整，沃伦法院做出的一系列判决被认为是重塑美国社会和政治文化的标志。半个世纪过去，其末流已经被贴上了"白左"的污名化标签，民粹主义正在抬头兴起。

诚然，现代信息技术的发展使得知识与信息传播日益发达，这也让许多有识之士对盛世的稳定产生了更强的信心。然而需要指出的是，信息技术并未给信息筛选提供良好的解决方案，这不仅造成了有效信息的积累，同时也造成了大量无效信息的冗余。高度依赖信息技术的社会复杂度也在迅速上升，从而使得社会对熵增的承受阈值逐渐下降。更关键的是信息存储、获取、传播和分享归根到底还要依靠物理介质，而物理介质的寿命远比传统设备短，光盘8到10年，磁盘不超过百年。这些隐患在当时不会直接暴露，但在时间流逝中总会显现出来。

因此，以埃隆·马斯克为代表的企业家们同靠比特币圈钱的创业者们相比还是有本质的区别，尽管二者手段有时候近乎一致。在渐渐漏水的巨轮上鼓动大家拆木材建造救生艇的人，与在三等座舱贩卖赎罪券以哄骗普罗大众的人，谁更值得佩服是一目了然的，但当情景转换到现实与历史的场景中时就另当别论了。

结构性的文明危机终将到来，随着人类技术和野心的不断扩大，危机爆发时的危险也会不断增大。如果说黄金时代的衰落使得金字塔停工，古典时代的沦亡导致黑死病蔓延，那么现代社会的崩溃可能面临的前景就是核冬天与冰盖融化。地球当然不会因此而毁灭，但文明真的还能从这样彻底的废墟中复兴吗？

这时候我们不得不重新回到起点，寻找复兴的力量。人类有别于动物，从原始游荡的采猎生涯中脱颖而出，建立文明的关键因素到底是什么呢？

是想象，是幻境，是让我们如痴如醉、神魂颠倒的迷思。

（2019 年 8 月 1 日）

给石头以文明

步行在宙斯神庙外的马路上，一低头便是一惊：就连马路牙子都是用大理石石料砌筑的，雅典城对大理石的喜爱，可见一斑。

其实，"希腊"一词的原文 Hellas 本意就是"闪光的石头"。不只是雅典，整个西方对大理石建筑都情有独钟。当然这很可能能够追溯到希腊时代，从雅典到罗马，从伦敦到纽约，大理石建筑的传统一脉相承，就连托尔

金的魔幻小说《魔戒》中都将人类王国 Gondor 都城
Minas Tirith 描写为通体洁白的七层石城，与第一纪元中
诺多精灵的 Gondolin 城结构相同。而通体洁白的常见石
材，只有白色的大理石。

大理石的汉语名字来自云南大理，南诏时期发现的
大理石矿藏及其开采利用使得同类石材得以扬名。大理
出产的大理石以黑白相间的花纹闻名，但它与另一种纯
白石材"汉白玉"的化学成分实际上是近似的，但后者
在汉语世界中更出名，被广泛运用于宫观庙殿的石构部
分。而其英文名 Marble 则是希腊时代就有的古词，专指
质地细密、结晶紧致的石灰岩类矿石。

石灰岩即是所有碳酸钙 $CaCO_3$ 类矿物的总称。所谓
"石灰"是指石灰岩经过煅烧之后会变成白色的"石灰"，
石灰岩也因此得名。"千锤万凿出深山，烈火焚烧若等
闲"，讲的就是山中开采的石灰石经过煅烧之后生成石灰
的过程，其原理是碳酸钙受热分解为二氧化碳和氧化钙，
后者即生石灰。生石灰加水得熟石灰（氢氧化钙），便可
用于涂料和消毒。

但石灰岩并非是纯净碳酸钙的结晶。纯净的碳酸钙

单晶是无色透明的晶体，被称为方解石。方解石晶体具有独特的光学偏振性质，在不同晶格方向上的折光率不同。天然石灰岩之所以不透明，其原因是方解石中间混杂了其他矿物（如长石、云母等），这些矿物中掺杂的金属离子使得矿石具有不同花纹和颜色的色心。即使是纯净的碳酸钙矿物，如果单晶颗粒自身体积很小，当晶体粒度低于毫米级时就可能呈现白色漫反射的外观。汉白玉就是此类矿物。

石灰岩的形成经过了长时间的地质变化过程。和同族的硅酸盐类物质相比，碳酸盐的天然丰度更低，大多数也更不稳定，在早期地球的高温状态下难以形成，当时多数碳元素可能仍以二氧化碳的形式存在于大气中。直到硅酸盐和铝酸盐组成的地壳基质形成之后，二氧化碳才通过与碱性氧化物结合的方式被固定下来，如果恰好是氧化钙类物质，那么形成的碳酸盐就是碳酸钙。另一种可能的来源是远古生物通过呼吸作用和光合作用固定了二氧化碳，其残骸沉积在地层中，也可能成为石灰岩的来源。经过了不同的变质作用之后，碳酸钙类矿物便演化成了今天各种各样的石灰岩。

被用作建筑材料的石灰岩有着众多得天独厚的优点，是早期其他石材无法替代的。首先，石灰岩的分布极其广泛，陆相海相均有矿藏，并且由于其来自较晚地质年代的固定或沉积，矿脉普遍较浅，地表上很容易观察和寻找到大片石灰岩露头。其次，石灰岩类矿物的结晶性质虽然不同，但基本上都在莫氏硬度 3 级左右，相比更软的滑石等材质而言更加结实，又便于早期金属工具加工。尤其是铁器广泛应用之前，铜质工具能够直接处理的石材并不多，石灰岩正是其中之一。此外，由于其丰富的形成模式，不同沉积、不同掺杂的石灰岩具有繁复的颜色和花纹样式，在建筑装饰中也具有重要作用。

早在古代埃及时期，石灰岩已经被广泛用于建筑。今日遗留的埃及金字塔和神庙建筑大多由石灰岩或砂岩构成。同时期在两河流域的中国，最出名的汉白玉矿床是北京房山的大石窝，远及宋元时代就有开采和利用，后来明清皇家建筑大多从此地采石。房山汉白玉质地坚硬细密，一向以"房山白"闻名，今日北京的周边大量宫殿庙宇的汉白玉均来自此处，具有就近的便利。

在雅典，大理石建筑的构建也有赖于白色大理石矿藏的发现。希腊多山少土，土地贫瘠，和有着广阔冲积平原的中国不同，只能出产有限的农产品（如橄榄）。但这也给当地带来了丰富的石材矿藏，并且大多是质地良好的石灰岩。今存最古老的古希腊大理石建筑约建于公元前7世纪中叶，此后各城邦都有不少大理石建筑遗存，又以雅典为甚。

与房山大石窝类似，支撑雅典兴建大量大理石建筑的前提条件也是矿藏。公元前六世纪左右发现的Pentelic大理石矿，就是雅典的"房山白"。它位于雅典城东北16公里处的Pentelicus山，其主峰Kokkinaras北麓便是Pentelic大理石的矿藏地。Pentelic大理石的最主要特点是其白中带金、在日光下自然发光的颜色，与人体相似，用来塑造天神和英雄的塑像显得栩栩如生。从公元前5世纪开始，雅典的重要神庙建筑和众多雕塑主要是用Pentelic大理石建造的，其中就包括卫城上的绝大多数建筑。

到了罗马时代，大理石获得了更加广泛的应用，这时期对大理石的加工利用进一步精细化，不仅纯色大理石继续成为重要建筑的材料，不同花纹的大理石也被用于装饰建筑的不同位置。罗马人发明的混凝土技术使得建造更大规模的穹顶连跨结构成为可能，同时也克服了石材本身大小、强度和运送难度的限制，拓展了建筑空间的同时也使得大理石可以在更广阔的平台上被应用。

与地中海文明相比，中国文明并没有在早期演化出广泛使用石灰石的建筑传统，以至于早期建筑大多已经不存（今存最早的地上木构是唐代的五台山南禅寺大殿），也有自然地理的因素。古埃及所处的尼罗河下游经过河水多年冲刷，砂岩和石灰岩基质大量暴露，便于采集。地中海北岸的巴尔干半岛和亚平宁半岛均可看作是阿尔卑斯山伸入地中海的支脉，沿海只有短促的冰川融水型河流，没有大型冲积平原，加上第四纪冰川活动的切割侵蚀等作用，造成石灰岩岩层分布大多在浅表。

而中国文明崛起的东亚地区是大面积的黄淮海平原和长江中下游冲积平原，少量断块山所具有的坚硬花岗岩和玄武岩基质是早期青铜文明难以大规模加工的。第四纪冰川在华活动遗迹多数局限在中西部山地，大多数经过多年生物演化已经广泛被植被覆盖，难以寻找岩层露头，遑论开采石灰岩矿藏。事实上，从大理石的命名（产自云南大理）和明清汉白玉的发现位置（房山）即可看出第一阶梯以下石灰岩的分布是十分有限的。在这种条件下，中国文明早期遗址普遍采用木构和夯土结构也就更加容易理解了。

不过，尽管石灰岩坚硬优美，比木构建筑更能经受历史的风雨，毕竟也有自己的天然寿命，不可能永远不朽。结晶不够纯净细密的石灰岩很快就会在大气中被风化侵蚀，今日埃及大多数石构外层都已经脱落斑驳。而质地均匀、能耐风蚀的大理石产量是有限的，并且其再生周期是以地质年代为计量单位的，在人类文明的时间尺度上就可以视为是不可再生的。一个显明的例子是北京的汉白玉碑刻，明碑石料平均起来要优于清碑，戒台寺的英宗正统碑文斧凿如新，而康熙、乾隆碑文反而剥蚀。

随着人类活动的进一步加剧，石灰岩建筑还面临着新的危机。如前所述，石灰岩不耐酸性物质，工业污染造成的雨水酸化对石灰岩会造成致命的侵蚀。万神殿的门楣上腐蚀空洞历历可数，帕特农神庙也离不开金属支架。经历了数千年的历史风暴淘洗，它们已经如同衰朽的老人一样，表面看来还精神矍铄，但很可能被一场突然的风暴击倒。再过数千年，它们能否继续屹立，并不是一个有确定答案的问题。

顺便说一句，石灰岩矿物对于全球变暖问题也有着举足轻重的影响。因为它们分解便会放出温室气体二氧化碳，促使地球温度升高，从而进一步影响局部石灰岩的分解。更剧烈的释放来自海水，海水受到温度升高扰动后会释放其中溶解的二氧化碳，从而打破原有的碳酸盐溶解平衡，使得石灰岩进一步溶入大海中，最终以二氧化碳的形式释放。上述过程是一个正反馈过程，正常地质年代中的碳酸盐循环受到生物固定碳的调节，处于大体平衡的状态，但工业活动很可能打破这种平衡，从而造成恶性循环。

"有的人/把名字刻入石头/想不朽"，其实石头自己也不会不朽。美丽的大理石不会，花岗岩、玄武岩不会，水晶、钻石一样也不会。"盖将自其变者观之，则天地曾不能以一瞬"，一切存在都在地质岁月中不断流变，山脉如同大地的波浪，河流也不过是落在波谷间的几滴雨水。文明借由遗迹存续其精神，看起来好像石头比王朝存在得更加长久，但文明的精神文化不绝如缕，最终将比石头存在得更久。套用一句名言，要给石头以文明，而不是给文明以石头。

（2019 年 7 月 27 日）

被遗忘的技艺

阿西莫夫在《基地》系列中有一个非常著名的设定：银河帝国衰亡之后，它的知识和记忆被隐藏在端点星上的科学家们继承，并使得端点星最终成为复兴银河帝国的基地之一。与同时代另一部奇幻文学巨著《魔戒》一样，《基地》系列也是从古老帝国衰亡之时开始落笔的。这种传承自吉本《罗马帝国衰亡史》的文化基因，到了20世纪上半叶一度蔚为大观。

文明会衰亡吗？或者说我们这个时代的文明会衰亡吗？仅仅在一年前，这个问题可能还只是很少人才思考的问题。毫无疑问，很多文明都走向了衰亡。问题只在于什么时间、以什么方式衰亡。而在文明走向衰亡的过程中，技艺的衰亡，往往是最先开始的：远在法老的权势衰落之前，金字塔修建的技术就已经被人们遗忘了。

技艺并不仅仅是技术。或者说，我们今天对"技术"这个词基于科学和工程的狭隘理解，并不足以概括技艺的全部。就其本质而言，技艺乃是一种人类经验事实的总结，是话术、艺术、技术等门类的综合。在这一点上，无论是戏曲声腔的演唱艺术，还是土木建环的工程实践，甚或是社会治理和群众运动，都遵循着类似的规律。既然是人类的经验，就面临着一个严峻的问题，如何保证经验在个体之间相互传递，进而实现经验的代际传递？

事实是，我们很难做到。既然文明要向前进步，文明所积累的知识和经验就会越来越多，而个体的存储和运算能力毕竟是有限的，当后者赶不上前者的增长时，遗忘就在所难免了。更重要的是，经验往往依赖于个体对于世界的观察和体认，它的可迁移性并不是很强，需要通过口传心授等传统方式，才能够真正被他人所理解和接受。

或许会有人认为，技艺的消失并不值得惊诧，在人类发展过程中会不断有新技术产生，替代旧日那些技艺，在人类文明中发挥作用，并且还会使文明发展得更好。尽管从大的时间尺度上来看，这种想法基本上是正确的，但是远期趋势并不能代替近期变化。历史上文明衰亡的案例，恰恰说明了长期发展的美好愿景并不能有效抵消短期遗忘造成的文明衰落，并且某些特定技艺的消亡，可能正是相应文明走向衰落的主要原因之一。甚至有时候，新技术的产生并不是站在前人基础上的创新，而只是重新发现了失落的技艺本身。人类历史上的一切重要发明，几乎都被发明过不止一次。

比起地球上的其他生命，人类已经是能够很好地抵御记忆遗忘造成消极影响的物种了。数千年来我们发展的语言、文字和教育系统，使得我们实现了经验在代际几乎完美的传递。然而这种自美索不达米亚时代以来的传统，正在为当代计算机和互联网技术的发展所撼动。一方面，信息与知识的快速爆炸使人应接不暇，过去手工作坊式的积累经验已经无法适应时代的需要。而另外一个更加危险的方面是，人们越来越依赖互联网和计算机给自己提供经验指南，而不再将学习经验作为教育的必选项。今天我们已经开始逐渐失去提笔写字和阅读纸质书的能力，或许我们还将失去更多的抽象能力。当遗忘席卷中天，衰亡就已经在地平线上等待了。

　　回到《基地》系列上，阿西莫夫的想象依然没有脱离教育系统的现状，也只能是扬汤止沸。如何才能够实现釜底抽薪？应当深思。

　　　　　　　　　(2021 年 3 月 20 日，原载《南风窗》)

理解社会的涌现

　　布罗代尔曾经有一个非常著名的比喻：在历史的长河中，短时段的偶发事件就像黑夜中的萤火虫或者划亮的一根火柴。它可以刹那间照亮周围的黑暗，但却无法改变社会变化的整体方向，只有长时段的结构才是左右宏观历史前进的重要动力。

　　探求历史"深层"规律的冲动早就根植于种种传统思想之中，从《史记·天官书》的"三十岁一小变，百年中变，五百载大变"到马克思的五种社会形态演进，为人类历史进程寻找结构性本质原因的尝试从未停止过。直到今天，不同价值取向的此类宏大叙事依然在现实政治和社会中持续产生影响。宏大是意义的来源。它既为人们创造新的价值提供了必要的迷思，但同时也将个体价值和意义消弭在壮阔的背景中。

然而，短时段、中时段和长时段的区分，并非只能导向用长时段的结构来解释历史的"宏大史观"。事实上，在布罗代尔所属的"年鉴学派"诞生之初，他们所要应对的本来是来自兰克史学的还原论思想：重视每一个场景和细节的完美考证，以期复原历史真相。这种思想其实与那种从宏观视角给出历史演进答案的思想，遵循着相似的思维方式：理解和预测社会演化，只有唯一的逻辑。但事实并非如此。数量和尺度的改变会造成系统随之改变，进而产生不同层次上的规律。

有一个常常被人们误解的词，可以用来描述这个概念："涌现""突现"或者"层展"（emerge）。有人望文生义，以为"突现"便是创造和突变，甚至把它和神创扯上关系。实际上，"涌现"指的是不同层次的规律随着量变积累造成的演化，这种积累可以是各种时间、空间或数量的积累。在布罗代尔的划分当中，是时间的积累造成了长时段、中时段和短时段，但这既不意味着长时段的规律能够完全指导短时段中发生的偶发事件，也不意味着短时段和中时段的规律能够演绎出长时段的变化方向。正确的情形应该是这三者各有各的规律，彼此存在关联，但尚未被深刻揭示。

有趣的是，在自然科学领域，"涌现"这一概念也格外重要。1977 年诺贝尔物理学奖得主菲利普·安德森写过一篇著名的文章，标题就是《多是不同（*More is different*）》。20 世纪以来复杂性科学与非线性科学的重要研究方向之一，就是探究涌现现象的规律，但至今尚没有令人满意的结果。有意无意之间，社会理论和自然科学正在探究同一只大象的不同侧面。

但是大众显然尚未接受这种思维，还原论式的本质主义与宏大叙事造成的线性历史观依然大行其道。社会舆论在个体与群体、暂时与永恒、眼前与未来的张力当中反复震荡，每一个极端都以为自己掌握了唯一的真理。用这些未经验证的事实判断盲目代替了价值判断，可能造成更大的错误。

理解社会的涌现，要求我们意识到时间与空间尺度为事件和历史赋予的不同意义，不要轻易用特定层次上的规律处理另外层次上的问题。这并不是说，让我们放弃对具体事实的仔细甄别和对深层规律的不懈探究，而是让我们对这些甄别与探究的限度具有更清晰的认知。跨越无数的偶发事件，我们才能看到个体和局部在历史中的地位，但同时，也不要忽略每一个鲜活的细节应当如何更好地发生。

(2021 年 1 月 5 日，原载《南风窗》)

社会的他组织、自组织和预组织

　　社会舆情的发生往往促使人们思考，在风起云涌的社会运动背后，是否一定总有某种组织实体存在。纠结于传统社会运动模式的研究和实践者对社会组织演化的现状存在认识隔膜，现代从事社会运动研究和实践之间仍存在一定差距，个别关键概念仍有待于被澄清和传播，其中最重要的应属于自组织①②。本文试图对社会自组织问题进行新的分析，并提出一个具有系统性和可扩展性的论纲。

一般意义上的社会组织应当被定义为一个具有特定目标、成员之间存在充分信息交换和业已展开协同行动的集体。与之前社会组织的定义不同，本文所指的社会组织系广义的社会组织，包括了具有严密组织结构的组织系统和各种松散的名义组织，以及虽无组织之名，但能够满足上述三个基本要素的人群集合。社会组织的行动是社会运动。

考察一般社会组织的演化过程，在传统视角中应当将其视为经过了建立、培育、壮大、成功等发展阶段的连续过程，这向来被视为成功组织演化的经典道路，也常常被认为是必由之路。在传播学规律中一般认为社会运动模式也应当遵循上述路径，并因此将持续性的社会

① Hegde N, Massoulie L, Viennot L, et al. Self-Organizing Flows Insocial Networks. *Theoretical Computer Science*, 2015, 584（C）: 3-18.

② Helbing D, Yu W, Rauhut H, et al. Self-Organization and Emergence in Social Systems: Modeling the Coevolution of Social Environments and Cooperative Behavior. *Journal of Mathematical Sociology*, 2011, 35（1-3）: 177-208.

运动与系统性的社会组织联系起来。但近来已有大量针对社交媒体和信息时代社会运动研究说明其中社会组织地位发生了根本性改变，在小世界网络起决定性作用的社会网络系统中，雪崩式社会动力学过程已屡见不鲜①②。由此，社会运动的烈度和速度已被证明与强大的社会组织不呈正相关关系。

雪崩式社会动力学过程指的是社会运动的发展过程超过传统社会动力学经验和模型预测，服从幂律分布或者更奇特路径分布的社会运动过程。此类问题对传统社会组织模型的自组织假设③提出了挑战，因为在自组织假设前提下，社会成员之间的组织联系和信息交流并不可能如此快速和猛烈地发生④⑤。事实上，此问题反映了研

---

① Kleinhans R, Van Ham M, Evanscowley J, et al. Using Social Media and Mobile Technologies to Foster Engagement and Self-Organization in Participatory Urban Planning and Neighbourhood Governance. *Planning Practice and Research*, 2015, 30（3）：237-247.

② 吴强：《互联网时代的政治涨落：新媒体政治前沿》，《国外理论动态》，2015年第1期，第65—74页。

③ 邓周平：《论社会自组织研究方法》，《系统辩证学学报》，2003年第3期，第60—65页。

④ 孙志海：《自组织的社会进化理论：方法和模型》，北京：中国社会科学出版社，2004年。

⑤ 姚庆丰：《论"社会失灵"——在政府失灵和市场失灵之外》，《河北学刊》，2000年第2期，第58—60页。

究者与实践者对自组织相关概念认识的混乱，原有的社会自组织概念过于泛化，不足以说明社会演化过程中出现的复杂现象①。可以使用另一组具有相似意义的概念替代之：他组织、自组织和预组织。

对于上述三个概念的唯象定义可以从社会组织的定义出发。一般认为社会组织定义的三个要素形成目标、信息交换和共同行动应具有一定的先后顺序，即形成目标在先，信息交换随后，共同行动最后。考虑到识别社会组织的必要条件是观察到其具有共同行动，可以给出一个基于此的唯象定义：当某社会组织的演化过程严格满足上述先后顺序时，将此过程称为他组织过程；当在某社会组织的演化过程中形成目标和信息交换步骤发生简并，之后进行共同行动时，将其称为自组织过程；当在某社会组织的演化过程中三个要素均发生简并时，将其称为预组织过程。

上述三个概念的本质定义可以从社会系统的熵角度出发定义。社会系统的熵主要来自信息交换的贡献，降低社会系统可能状态数的过程即为熵减过程，而其实现

①　姜宁宁：《论新社会组织的研究范式》，《公共管理与政策评论》，2015 年第 4 卷第 2 期，第 74—81 页。

过程一般是通过信息输入使得演化路径固定化。反之，增加社会系统可能状态数的过程即为熵增过程，其实现过程一般是通过减少信息使得系统演化路径增多。由广义的熵增加定律可知，一般社会过程的局域熵产生总大于零，但非平衡态的社会过程则不在此列。

现在定义局域熵产生等于零的过程为自组织过程，因此自组织过程成为系统边界条件确定情况下的平衡态间转化过程。对于边界条件确定的系统而言，平衡态只有一个固定的参数，也就是说自组织过程实质上是平衡态的平衡涨落过程，它是一个几乎处处信息完全对称的交换系统，因此系统中每个个体虽然发生着这样或者那样的变化，但系统局部的总可几演化路径为零向量，系统并不会向其他任何状态自发演化。

当孤立系统的熵小于平衡态时，则存在着向平衡态的演化趋势，因此这一过程的熵变总应大于零。换言之，孤立系统所处的非平衡态通过获得熵的方式向平衡态演化，或者说通过释放负熵的方式向平衡态演化。这就是说，非平衡态向平衡态演化的自发过程是通过释放信息（负熵）的方式实现的，而这种信息是先期以其他形式内化在系统内部的。整理一下这个过程，即通过预先输入系统的信息的释放向着自组织演化的过程，可定义上述过程为预组织过程。预组织过程的前提条件是存在先验信息的输入。

　　当系统试图从平衡态演化到非平衡态，或者从一个熵更大的非平衡态向另一个熵小的非平衡态演化时，过程的熵变小于零，不能自发进行。但如果此时通过外界输入系统负熵（信息）的方式以抵消熵的增大，则能够使得总熵大于零，演化过程就能进行。输入信息的方式一般可以是强的信息势场、信息垄断或信息干预机制。可将上述过程定义为他组织过程。自组织、预组织、他组织之间的关系如下图所示。

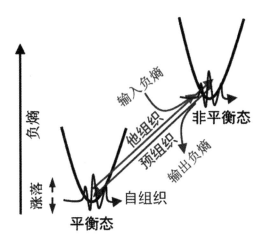

从上页图中可以看出，他组织与预组织由于方向不同，因此存在着相互破坏的关系。而对于自组织过程而言，它是系统最稳定的演化状态，特定的社会经济条件必然走向稳定的自组织体系，从而进入长期稳态，这是不可抗拒的自然规律。

实际体系总处于某些涨落过程中的非平衡态，或者更多情况下是处于他组织过程持续干预下的非平衡态。从他组织走向自组织过程的机制一般需要依靠多次多发的预组织。这种预组织的条件是完成足够的信息先验，也即在行动前完成信息动员和准备。信息先验并不一定需要依赖有系统的组织，可以通过教育、传播、流言、天象等多种方式进行先验①②③，在前期准备基础上，爆发行动的诱因可能与信息先验方式完全不同。舆论先行形成的某种共识在预组织过程中发挥了有序组织者的作用，使得不同成员即使未经私下联络也能在信息共识存

① Difonzo N, Bourgeois M J, Suls J, et al. Rumor clustering, consensus, and polarization: Dynamic social impact and self-organization of hearsay. *Journal of Experimental Social Psychology*, 2013, 49（3）：378—399.

② 李友梅：《民间组织与社会发育》，《探索与争鸣》，2006 年第 4 期，第 32—36 页。

③ 张慧：《新闻媒介与社会运动的互动关系探究》，《今传媒》，2017 年第 25 卷第 8 期，第 58—59 页。

在下瞬间统一行动。而他组织破坏预组织的根本方式是击破信息先验。

依靠稳定的他组织，则可以通过提供信息垄断约束信息交换，为群体信息提供预先写入结果，从而达到降低系统熵值的效果[1][2]。他组织必须要首先完成组织建立，其信息实质是建立负熵流入体系的机制，否则他组织过程在热力学上不稳定，不能持续进行。预组织破坏他组织的方式是进行信息动员，破坏原有的他组织输入负熵的渠道，从而使得自发的预组织过程发生。经由此种分析，上述三种过程的唯象定义和本征定义得以共融一致。

利用人类信息表述的不完备性可以调整上述过程的演化方向。为降低社会预组织进行信息动员的有效性，他组织过程常采用信息污染的方法对交换中的信息进行屏蔽、篡改、扭曲、混杂，使得其中有效信息被遮挡、模糊或淡化，从而使得有效信息预交换不能进行[3]，这在

① 江必新、邵长茂：《社会自组织管理的司法应对》，《行政法学研究》，2010年第4期，第3—12页。

② 赵雅文：《和谐社会背景下"舆论雪崩"的控制与疏导——辩证法三大规律对社会舆情转化及引导的启示》，《新闻与传播研究》，2011年第18卷第3期，第106—109、113页。

③ 董凤娟：《网络社会管理探析——对网络社会自组织管理模式的质疑》，《法制与社会》，2011年第16期，第222—224页。

他组织的负熵流足够强的时候总是有效的。预组织过程抗衡上述污染方式的策略一般是通过信息加密，即对信息进行包装、隐喻、秘密化的处理，使得信息流动能够在保护下有效进行。预组织过程是自发过程，但并非自发过程都一定能发生。

上述讨论都在孤立体系中进行，或者可视为在与外界绝热的局域体系中进行。实际体系中，各个局域体系之间很难达成完全的信息交换，无法获得相同的熵，因此熵值是一个大体系坐标有关的量，这使得体系之间存在着信息差异和演化路径差异。个别自组织体系和预组织过程的完成并不能够导致全局情况的改变，反而有可能因为全局涨落的存在而被他组织过程破坏。但从积极的一面来看，自组织体系的涌现又是随时随地的。只要社会发展没有停止，体系向着自组织方向演化的总趋势就不会改变。加快这一过程需要从全局角度改变信息流方向。

自组织体系的演化没有最可几方向，这一点也只有在封闭体系中才能实现。实际上观察到的社会演化趋势反映了不同年代的自组织平衡态是不同的，这说明人类历史发生变化的同时，系统整体边界条件也在随之变化。

在一定的社会经济边界条件下，自组织的演化过程表现为通过涨落在预组织和他组织之间反复动荡的过程，社会发展呈现类似周期变化的特征。当社会经济边界条件在某些情况下发生较大变化之后，体系所处的平衡态也随之迁移，自组织体系此时则通过不对称的预组织过程与他组织过程完成在不同稳定态之间的跃迁。

体系负熵的根源在于人类认识世界的能力、发掘信息和传播信息的手段，在于科学技术的发展和人类生存环境本身的负载能力。一般而言，掌握科技发展者即掌握了系统的发展方向。这并不是说，传统意义上的人文学科没有意义，恰恰相反，它们应当是用来研究如何在科技发展到一定程度时向自组织平衡态转化的科学。此处不再列出上述各条论纲的具体例证，读者可以自行对照。

（2018 年 4 月 14 日）

社会运动的欠饱和、饱和与过饱和

　　社会运动是社会组织（正式或非正式）的行动，其本质是社会组织的相变。在相变前后社会组织及其影响的社会系统内部各组成单元（个人、单位组织或其他基元）的某个或某些序参量发生了变化，社会组织也因此进入了其发展的新阶段。

　　如上文所述，在一定的经济物质边界条件和信息交换水平（或者可以将其称为"社会温度"）下①，社会组织的运动趋于一个特定的平衡态。此平衡态是客观存在的热力学稳定状态，但并不一定是现实可几的真实状态，事实上达到平衡态的社会系统实例寥寥无几，传统中国社会或许可以作为一个处于长周期振荡（零点能级振动频率约为 $1×10^{-10}$ Hz）中的平衡态实例②③④。如何通过演化到达这一平衡态，乃是一个动力学问题。

社会运动的动力学结构早已为人关注⑤，其中经典的模型有 Smelser 的加值理论（value-added model）⑥ 和 Tilly 的动员模型⑦等。但此类分析模式依然限制在传统社会学

① 牛文元：《基于社会物理学的社会和谐方程》，《中国科学院院刊》，2008 年第 4 期，第 343—347 页。

② 金观涛、刘青峰：《中国历史上封建社会的结构：一个超稳定系统》，《贵阳师院学报（社会科学版）》，1980 年第 1 期，第 5—24 页；金观涛，刘青峰：《中国历史上封建社会的结构：一个超稳定系统（续）》，《贵阳师院学报（社会科学版）》，1980 年第 2 期，第 34—49 页。

③ 陈强：《气候冲击、王朝周期与游牧民族的征服》，《经济学（季刊）》，2015 年第 14 卷第 1 期，第 373—394 页。

④ 杨德才、靳振忠、蒋辛未：《制度效率、制度僵化与王朝周期性兴衰——基于新制度经济学理论的分析》，《上海财经大学学报》，2016 年第 18 期第 5 卷，第 27—39 页。

⑤ 赵鼎新：《西方社会运动与革命理论发展之述评——站在中国的角度思考》，《社会学研究》，2005 年第 1 期，第 168—209、248 页。

⑥ Smelser N J, *Theory of Collective Behavior*. New York：Free Press, 1962.

⑦ Tilly C, *From Mobilization to Revolution*. New York：Random House, 1978.

唯象和思辨的理论范式之内，所给出的判断标准和分析范畴往往不具有较好的普适性，以至于理论不断随着现实变化而发生嬗变①。而如果以相变视角思考上述过程，则可以得到经典的相变动力学路径：成核（nucleation）、生长（growth）、饱和（saturation）。以此框架对社会运动的动力学结构进行分析可获得新的认识。

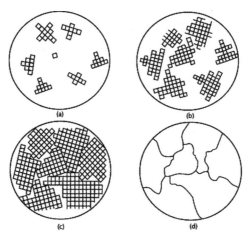

（a）成核；（b）（c）生长；（d）饱和

成核是相变过程的触发机制。成核的动力来源是系统自由能有了自发降低的趋势，其社会表象是社会信息

① 谢岳、曹开雄：《集体行动理论化系谱：从社会运动理论到抗争政治理论》，《上海交通大学学报（哲学社会科学版）》，2009年第17卷第3期，第13—20页。

交换要求的增加/减少与现实社会结构的约束不相适应。传统上诱发相变的成核中心可以有三种来源：体系中自发逐渐形成的原生核（primary core），业已存在的预成核（preformed core），与体系组分不同但能提供高界面能的异种核（heterogeneous core）。原生核来自社会系统演化过程中自然产生的人物或事件，此类演化一般要求系统具有较长的弛豫特征时间，并且遵循近平衡的演化路径。预成核来自社会系统演化历史中形成的某些历史事件。这些事件由于历史演化的局域非平衡性限制而未能成为相变初始核，又没有被系统后续演化历程消解。实际上预成核可以理解为原生核的遗骸。异种核并非是社会系统组成基元的同质物，但它提供了高界面能的演化条件，可借由界面基元的自由能传递，诱导原生核产生。总之，成核过程的关键在于形成原生核。

原生核具有不同于相变前社会系统，而类似于相变后社会系统的序参量特征。原生核与原社会系统一般具有高度同质性，或者其组成来源具有高度的同源性，但原生核内部的信息交换水平和组织结构形式与原社会系统有显著差异，并可以通过序参量的突变来描述。此外，原生核作为相变发生的动机，还必须具有处于自由能或者负熵低点的能学属性，否则无法诱导系统产生自发相变。通过强行输入负熵确有可能导致一些结构极其类似原生核的拟原生核（pseudo-primary core）产生，但此类拟原生核处在自由能高点，自身的稳定性必须要依赖负熵输入才能保证，无法诱导系统自发相变。

原生核的生长实质上是自组织（self-organization）或自聚集（self-aggregation）的过程，即原社会系统的组成基元在原生核周围按照新的序参量重新组织起来的过程。如果相变过程不涉及社会系统的组分比例变化，则生长过程是覆盖原社会系统全体组分的。如果相变过程前后社会系统的组分比例发生变化，则生长过程同时还会伴随着对原社会系统中部分组分的甄别与剔除。原生核的生长是一个可逆的过程，其逆过程被称为原生核的消解（degradation），在社会系统内部始终不断地发生着原生核的生长与消解。

生长过程的热力学动力是由相变前后系统组成基元的自由能降低提供的，其动力学抑制因素是自聚集的活化能垒。活化能垒的来源是脱离原社会系统组织结构造成的自由能暂时升高，以及序参量改变过程的奇点发散。成核动力学揭示出，适应于特定的活化能垒，将会有最适宜相变发生的社会温度。当社会信息交换水平不够时，生长过程缓慢，活化能垒难以翻越，不具备相变的动力学条件。当社会信息交换水平过高时，生长过程迅速，但随之的原生核消解过程也被加快，也不具备相变的动力学条件。

相变过程的饱和分为两大类情形，即完全饱和（complete saturation）与不完全饱和（incomplete saturation）。完全饱和情形下，原社会系统的所有可相变基元均参加并完成相变过程，并且对异己基元的剔除也同时完成。不完全饱和情形是原社会系统只有部分可相变基元参与了相变。不完全饱和发生的主要原因是自由能差的消失。一般而言，孤立系统近平衡状态下只会发生完全饱和的相变，但实际社会系统几乎均为远离平衡的开放系统，或者至少是封闭系统。对于实际社会系统而言，系统总负熵或自由能的消长，还受到与系统直接发生能量或基元交换的热库（thermal reservoir）影响。当热库足以吸纳或提供系统相变所放出或吸收的热时，完全饱和的相变才可以进行到底，反之则发生不完全饱和的相变。

无论完全饱和还是不完全饱和都是近平衡态的情形。实际相变过程是动力学控制的过程，几乎时时刻刻都是远离平衡态的。偏离饱和的情形分为隔靴搔痒的欠饱和（less saturation）与殃及池鱼的过饱和（over saturation）两类，前者体系自由能或负熵水平落后于相变平衡态，而后者超前于平衡态。实际情形中，欠饱和一般比过饱和要罕见。欠饱和的机制是通过外界热库输入的局域负熵使得相变在特定时空范围内不能进行到底，因此需要高度组织化的负熵流才能维持欠饱和状态，在热力学上是非自发的。过饱和的机制是相变动力学的特征时间远远短于系统平衡态的弛豫时间，这就导致相变超过平衡态本应有的界限，成为发展过头的相变。而此时系统弛豫时间很长，在弛豫时间到达之前，系统处在了过饱和状态。

弛豫时间的引入说明系统有达到饱和态的天然趋势，但同时弛豫时间的尺度与系统尺度和信息交换水平密切相关，在不同相变过程中可能有所不同，最终导致系统的理想饱和态不能顺利达到，而只能在欠饱和与过饱和之间反复振荡，尤以过饱和为优势状态。其主要原因是相变中社会系统及其基元的运动过程具有严重的惯性和盲目性，往往不能及时根据客观规律修正通向平衡态的途径，因此此类相变一般都会在平衡态势阱顶点附近才达到相变速率的极大值，从而走向具有零点振动的能级模式。

上述社会运动演化的动力学模型是具有自相似性的，在社会组织的运动过程也确实观察到了结构的自相似性和分形特征①②。从基元尺度上看，小到两三个基元就可以组成的社会系统（如家庭），大到数十亿个基元才能组成的社会系统（如国家），其相变过程均服从上述演化过程规律。由此一个自然的推论便是，在相变过程中，成核、生长、饱和的每个细节也存在着自相似的成核、生长、饱和过程，并且在远离平衡的条件下将发生大量多样的反复与迭代，从而使得社会系统的演化在表观上体现为随机过程。

但值得强调的是，热力学演化与动力学演化最终具有一致性，动力学演化的随机性只有在弛豫时间范围之内才能体现出来，当演化时间超过弛豫时间时，随机过程就将发生自发的路径遍历性破缺，从而回归到热力学

① 任孟山：《政治机会结构、动员结构和框架过程——当代互联网与社会运动的一个分析框架及案例考察》，《中国青年政治学院学报》，2011年第30卷第6期，第96—100页。
② 周明、曾向红：《埃及社会运动中的机会结构、水平网络与架构共鸣》，《社会学研究》，2011年第26卷第6期，第1—33、242页。

进程上来。系统热力学平衡态能否达到取决于系统整体在热库影响下自由能或负熵水平的消长，这种宏观消长会随时改变系统可几的平衡状态，从而使得系统演化走向新的篇章。

（2018 年 7 月 28 日）

社会的信息分岔与熵产生

对任何一个问题的真确判断有且只有一个表述，其余表述都与真确判断有所不同，表现为隐去了真实信息或增加了讹误信息，因此也就都增加了信息熵[①]（Shannon，1948）。以最简单的二分判断为例，假设事件 1 有且只有两个互斥表述 A 与¬A，且 A 为真。如果隐去真相描述，则事件

---

① Shannon C E. A Mathematical Theory of Communication. *The Bell System Technical Journal*，1948，27，379–423 & 623–656.

1 有两个可能状态，信息熵为 ln 2。如果陈述"1 是
¬ A"，表面上是确定信息，但事实上还有隐存而未被表
露的真确判断 A，其效果相当于制造了新的冗余信息，依
然造成了信息熵增加 ln 2。由此，所有偏离真确描述的表
述都等规模地增加了信息熵，无论是对真确信息的遮蔽
还是污染。

信息熵是自发产生的，其原因是任何一个个体对真
确信息的认知都并不确实，于是无时无刻不在产生着对
某一个真确信息的遮蔽或污染。在孤立系统中，信息熵
会一直增大，不会凭空减少，即局域熵产生最大原理
$\Delta S_{iso} \geqslant 0$[1]。换言之，一个与外界没有信息交换的个体，
对所有问题的判断都会逐渐偏离真确判断，或者至少掺
入非真确判断。这一过程会随着时间不断演化下去，直
到孤立系统被打破为止。

考虑群体的信息交流情况会稍微复杂一些。现假定
群体中各个个体之间存在着充分而全面的信息交流，任
何新产生信息都会在大于系统弛豫时间的尺度上迅速扩
散，或者说弛豫时间远小于考察群体内信息传播活动的

---

① Glansdorff P, Prigogine I. *Thermodynamic Theory of Structure, Stability and Fluctuations*. American Journal of Physics, 1973, 41 (1): 147-148.

时间，则群体是否能达到信息交流的平衡取决于此时信息熵自发产生的特征时间与信息传播时间之间的相对大小，类似于之前讨论过的动力学问题，此处不再赘述。

一般而言，信息熵自发产生的特征时间远远大于信息传播时间，这可以由世界学术论文年产生量远小于媒体新闻年产生量来说明。例如在互联网大幅度兴起之前的 2004 年，中国学术期刊总数大约为 $6×10^3$ 种[1]，估计年发文量为 10^6；而同时期报纸总数大约为 $2×10^3$ 种[2]，估计年发文量为 10^9。从这个估计可以看出，在不太长的时间内（例如以年为单位），群体的信息熵产生不影响群体信息传播达到平衡状态。

在平衡状态，群体中每个个体存在着什么样的信息状态呢？一个直接但大概率不正确的模型是所有个体都享有同样的信息。考虑到个体总是在不断产生信息熵，同时存在着广泛而全面的信息交流，很难想象平衡状态时所有个体都享有同样的信息。

考虑这样一个模型：可将一切社会关心的问题不断

① 刘霞、邱均平：《中国学术期刊的学科分布及评价》，《重庆大学学报（社会科学版）》，2008 年第 1 期，第 66—71 页。

② 张小强、吉媛、游滨：《数字环境中国报纸市场发展分析——基于原总局 2005—2015 年统计数据》，《西南民族大学学报（人文社科版）》，2019 年第 40 卷第 3 期，第 233—240 页。

分割为小问题，直到每个小问题都可以退化为二分问题，从而构成一个大量分支的二叉树，其中每个分支末端都是某种可以被个体持有的信念，不同个体可以处在同一末端。不难看出，此时平衡状态服从二项分布。如果二项概率完全平权，则全真概率将极小，整体分布为各个独立状态的均匀分布。现假定每个二叉中真确判断的概率均为 p，二叉层数为 N，则系统将服从一个近连续的二项分布，如下图所示。横坐标是二叉选择不同末端的信息熵，此值正比于真确二叉数 N_t，易知比例因子是 $\ln 2$。注意，这里的不同末端是有简并度的，在二叉模型中简

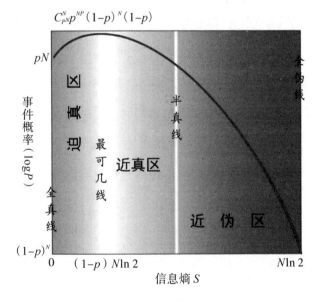

并度由第 N 阶杨辉三角给出。简并意味着人们可能在二叉树的不同分支处发生不同的错误判断，但最后造成信息熵的增加是一样的。这在封闭系统中意味着二者等势，互相之间存在着平衡相互转化的关系。通过简并，考虑到二项分布的期望为 pN，上页图中出现了一个极大值点 $(1-p)\ N\ln2$，符号相反的原因是 p 与信息熵方向相反。

上页图的纵坐标是概率 p 的对数 $\log p$，根据信息熵的定义，它实际上正比于个体运动的相空间中的构型熵。注意构型熵与事件本身的信息熵不同：前者是个体在社会运动中的伪随机分布造成的，决定了真实世界中系统的走向，符合熵增加原理；后者是具体社会问题演化中提出来的，服从局域熵产生最大原理，但不能据此推论系统的演化方向。我们以二项分布为例，构型熵最大处与信息熵极值处并不完全重合，除非 p 恒等于 1 或 0。这种不重合意味着真确信息的判断不完全遵守信息熵的规律，存在反转区。

下面我们具体分析一下。不妨假设 $p > 0.5$，这意味着人们认识真确命题的概率更高。上页图左右两侧分别为全真线和全伪线，意味着此时二者处在极端情况下。而二者之间还存在着一个构型熵极值点，这是社会构型的最可几线 $(1-p)\ N\ln 2$，在 $p > 0.5$ 时偏向于全真线，

也即在半真线 $0.5pN \ln 2$ 的左侧。这样上述两根线将全图划分为三个区域，分别是全真线与最可几线之间的迫真区、最可几线与半真线之间的近真区和半真线与全伪线之间的近伪区。

二项分布的特点是最可几线两侧概率密度相同，方差为 $Np(1-p)$。由于近真区概率宽度为 $p-0.5$，则

$$p(1-p) - (p-0.5) = 0.5-p^2$$

而 $p > 0.5$，则

$$p(1-p) - (p-0.5) < 0 \text{ 或 } p(1-p) < p-0.5$$

即方差小于近真区宽度。上述结论说明，只要 p 稍微大于 0.5，则社会认知的绝大多数都会落在迫真区和近真区，在近伪区的概率分布一定是绝对少数。最可几的人群依然掌握超过半数以上的真确信息，并且掌握半数以上真确信息的人群占据人群分布的绝大多数。

最可几概率为 $C_{pN}^N p^{Np}(1-p)^{N(1-p)}$，此值与全真概率 p^N 相比大得多，主要取决于组合数 C_{pN}^N 的大小，数量级上大约差 $[N(1-p)]!$。这说明，在稳定的社会构型中掌握全部真确信息的人所占比重极小，远远小于掌握部分真确信息的人所占比重。但另一方面，全伪概率（1-

$p)^N$ 更小，它比全真概率还要小大约 $N!$ 个数量级。这又说明，信息全错的概率也是很低的。

上述三者之间的关系，反映了真确信息在社会中的相对关系，即社会平均认知既不是完全真确的信息，也不是完全错误的信息，而是介于二者之间的状态。只要社会基本判断稍微偏向真确信息一方，则整体社会认知就会在近真区以上。掌握全部真确信息的人和不掌握全部真确信息的人同样稀少，但这并不意味着真理和谬误是平权的，因为掌握全部真确信息的人和其对立面比起来还是要多得多。

上面在二项分布的模型下讨论了社会平衡时的信息熵分布情况，事实上二项分布并不完全合于实情，假定每级分叉概率均为 p 也不尽合理。但上述分布给出的图景定性上是大体成立的，在一些特定场景中还应当定量成立。

上述结果给我们一些启示。首先那种希望社会公共信息全都为真确信息的念头是偏离事实的。不仅如此，那些企图在社会中构造出完全真确信息全覆盖的努力也是徒劳的。持有真确信息的每个个体本身都不清楚他们自己是否真的持有真确信息，除非有极强的先验理性支撑。对于社会而言，考虑每个个体是否时时刻刻保持真确判断并无意义，只要社会整体遵从必要的规则，例如

能够保证 $p > 0.5$，哪怕稍微大于 0.5 都会使得社会整体大大地偏向真确认知一边。

要使社会达到上述平衡状态，要紧的不是通过信息封闭和信息控制使得群体与外界信息隔绝，而是通过广泛的信息交换，在弛豫时间内使得系统自行达到平衡状态。平衡状态是一个无须外界输入负熵即可维持的状态，尽管并非全真状态，但是一个足够合理、足够稳定的状态。如果强行通过信息植入或信息封锁使得系统处在外力维持的暂时稳态，其分布一定高度依赖于外界条件的稳定性，一旦遇到破坏性扰动就会陷入混乱。事实上，作为社会运动的目的之一，$p > 0.5$ 的条件是参与者应当时刻关注的，这也是保证社会处在真确一侧的根本因素。如何使得社会成员能够在每次二叉中真确概率得到提升，这就涉及教育、舆论、心理等因素。

不过，上面的讨论仅限于平衡态内部的构型分布情况。在系统处在革命性变化的边缘，或者有更强的外界信息源或信息交换过程的时候，上述分布就未必成立了，这时候需要引入非平衡观点处理构型分布问题。

(2019 年 5 月 18 日)

乙部　思想与学人

后后现代

冯友兰在《宋明儒家哲学述评》中曾说:

　　禅宗人说:"担水砍柴,无非妙道。"这是有道理的,前一讲亦已说到。不过我们可以问:担水砍柴,无非妙道,何以事父事君不是妙道呢?禅宗人对于这一点,还有一间未达。而宋明儒家,认为事父事君也是妙道。宋儒说:"扫洒应对,可以尽性至命。"尽性至命，可以得到最高境界。但其行为还是日常生活，这种生活，才是极高明而道中庸。①

后来到了 1947 年写作《中国哲学简史》时，这段话又出现在第二十二章"禅宗：静默的哲学"结尾：

> 人不一样了，因为他所作的事虽然也是其他平常人所作的事，但是他对任何事皆无滞着，禅宗的人常说：终日吃饭，未曾咬着一粒米；终日著衣，未曾接著一缕丝（《古尊宿语录》卷三，卷十六），就是这个意思。

> 可是还有另外一句常说的话："担水砍柴，无非妙道。"（《传灯录》卷八）我们可以问：如果担水砍柴，就是妙道，为什么"事父事君"就不是妙道？如果从以上分析的禅宗的教义，推出逻辑的结论，我们就不能不作肯定的回答。可是禅师们自己，没有作出这个合乎逻辑的回答。②

---

① 原载 1943 年《中央周刊》。
② 冯友兰：《中国哲学简史》，赵复三译，生活·读书·新知三联书店 2009 年版，第 291 页。

冯友兰指出的由禅宗向新儒家的这种转变，不能不为我们所重视，由此导致的后来汉学与宋学分裂乃至于近代以来的种种学术波澜，其实都与此有着密切关联。大体上说，汉代儒学地位正式奠定之后，就已经开始孕育着它的反动了。在内则有道教的兴起和佛教的传入，宗教势力最终使得东汉王朝走向了灭亡。在外则随着礼法社会最后一个黄金时代——三国时期——的终结，西晋时期的政权动荡使得中国历史出现了第一次大分裂和民族融合时期。社会的思想由建构的开始转化为解构的，首先是道家思想的重新兴起，继而有佛学的涌入，最后则以禅宗作为一个精神结晶体。

　　如果我们认同李泽厚在《中国古代思想史论》的辨认方法——他把汉代的中国儒学称作是早熟的，就不难注意到，在儒家建构的秩序当中包含着很多现代性的部分。而禅宗思想中所具有的后现代味道，则更为一些当代学者所关注，甚至有些学者会论及海德格尔和禅宗思想的相通之处。反思、解构、回归文本、相对价值标准，这些在如今的后现代主义思潮中可以观察到的一些特征，也在禅宗以及它所处时代的思潮中得到了反映和体现。

甚至由于禅宗思想出口到日本，再由铃木大拙传递到西方社会，还真的对后现代主义的不少思潮产生了实质性影响，葛兆光在《禅宗与中国文化》中就曾列举不少实例。

这种相通看似偶然，其实背后潜存着历史的规律，或者说历史的韵律。自文艺复兴时代以来，西方思想的演变也经历了从古典到现代性的涌现，再到后现代思潮的崛起。如果将这一时间线索与中国从周到汉的思想史大变动相比较的话，就会发现二者存在着步调和精神气质上的相似之处：后者也是从古典到现代，最后产生了反动，走向后现代。

在我们依靠想象联结的社会当中，日常总是徘徊在两种不能自已的思想迷雾之间。其一是对既定命运和上天召唤的神秘感知，其二是对日常体验和欲望的主观追求。古典时期只看天理，个人被从天理中剥离出去。现代性摧毁了天理的神秘信仰，却又将个人重新塑造成新的上帝，在那里实现了天理和人欲的相对统一。然而这只具有理念意义上的价值，在实际操作中势必要产生新的问题，于是后现代的解构应运而生，不断质疑人们之前对于天理的保留。当所有共识彻底断裂，退回到原子化的个体状态时，事实上就是返归"本来无一物"的境界，重新走回到现实当中了。

但那些真正有勇气坚守自己原子状态的人毕竟是有限的。浮萍如果不能漂浮在水上，必将被风吹散。而每一片漂浮在水上的浮萍都会产生无休止的疑问和痛苦，而这种疑问和痛苦将使得他们不得不去依附于土地或树木——那些看似支撑着这个世界存在的庞然大物。当禅宗的末流落入了语录和顿悟的空门之后，它就演变成了知识分子和贵族阶层之中的精巧玩物，而失掉了对民众真实的影响力。净土就由此而兴起，在下层百姓中重新获得自己的地位。正如在今天嬉皮士们年老之后，再也没有人重读荷尔德林和海德格尔。

因此，这一反叛正如许多学者已经指出的那样，恰恰就孕育着它自身的反转。既然任何一种自洽的价值体系都有自己存在的必要，那么现代性也就失去了具有普世号召力的价值，而退化成了每一个个体、每一种文化都可进行自我建构的状态。由此往下走向的并不是真正的解放和自由，而是回到了在文明诞生初期的古典时代所要塑造的那种超越理性的状态。这就是古时的新儒家和当代的福音派们要做的事情。

随着世界范围内的保守势力重新回潮，似乎让人们看到了 20 世纪理想的破灭，但事实并非如此简单。在数百年之后的正统体系当中，或许 20 世纪才是一个真正离经叛道的时代，而 21 世纪才是道统回归的曙光。百年之后，人们将要绍述古典时期所积累的天道与价值，重新将人心拢聚在它们的旗帜之下，利用后现代的话语服务于前现代的思想体系。他们会惊奇地发现二者竟然如此合拍。从某种意义上说，正是后现代思想的兴起本身，在为它自己招魂。

（2022 年 10 月 17 日）

基因与学统

很多可爱的宠物犬都带有严重的遗传病，其原因都可归结到某种基因缺陷。因为在狗的品种选育过程中，为了保证相关性状的延续，往往只在纯种犬内部进行杂交，甚至绝大多数该品种的犬都可追溯到一个共同祖先。而如果这个共同祖先携带着某种致病基因，这就会导致整个品系都有此基因的风险。遗传学上，这种现象叫作建立者效应（founder effect）。

在更一般的情形当中，并不只是人类主观筛选导致了物种基因的多样性丧失，还有可能是地理隔离或其他生态条件的压力所导致的。例如，在撒哈拉以南的非洲，镰刀形红细胞贫血症发病率和携带者数目要远高于世界其他地区。这并不是因为那里的人本身的基因有问题，而是由于携带了镰刀型红细胞贫血症基因的患者反而更加有利于抵抗疟疾，而在撒哈拉以南的非洲，疟疾每年会造成四十多万人的死亡，是极其巨大的生态压力。这一生存瓶颈导致了在基因竞争过程中，镰刀形红细胞贫血症携带者反而能够获得更多的生存机会。

在生物进化史中，上述基因信息的竞争、筛选、胜出过程，无时无刻不在发生。实际上可以将其简化成一个剪枝的雪花分形，每层上的突变只能保留一个，进入下一层之后发生新的突变，并产生新的选择。

在其他信息传递过程中，也存在着类似的现象。《韩非子·显学》曰：

　　世之显学，儒、墨也。儒之所至，孔丘也。墨之所至，墨翟也。自孔子之死也，有子张之儒，有子思之儒，有颜氏之儒，有孟氏之儒，有漆雕氏之儒，有仲良氏之儒，有孙氏之儒，有乐正氏之儒。自墨子之死也，有相里氏之墨，有相夫氏之墨，有邓陵氏之墨。故孔、墨之后，儒分为八，墨离为三，取舍相反不同，而皆自谓真孔、墨，孔、墨不可复生，将谁使定世之学乎？

与《庄子·天下》篇所得到的结论相似，都在感叹战国时期学派林立、学派内部门人意见不同，导致的知识分裂现象。韩非由此走上了批判传统学说的道路，《庄子·天下》篇作者则是站在古代圣王之道不能一以贯之的视角对各派学说报以哀叹的，这与法家思想又大异其趣矣。

然而历史并未如此发展。汉兴之后，墨学迅速衰微，而儒家的八门也大多零落殆尽，取而代之的是经过汉代儒生改造过了的大一统式儒学。学说的分裂并未使得"定世之学"不再产生，只不过他们当代人是无法识别出这种先机的。

不过，如果只停留在此，那么历史也就失去了求索之趣味。随着汉儒研究的深入，经说家法日益严密，由此也就逐渐产生了各种新的儒家流派，古文经典的发现，更是造成了今古文的绝大争论。甚至可以说从西汉王朝的覆灭到东汉王朝的兴起，都隐隐有儒学内部斗争的痕迹。但随着东汉儒学结构的彻底稳固，上述争论又在《白虎通》成书之后逐渐消失，到郑玄汇注今古文时代重又为一。

但是需要注意的是，这并不是简单的合一。如果这样，则变成了天下大势分久必合、合久必分的循环论。前一时代产生的众多分支思想，并不是被融入到后来的大一统思想之中，而是被时代所淘汰或忽视。占据正统地位的主流思想是在与众多思想的拼杀中产生出来的，最后因着某些偶然或者必然因素而占据了这一地位而已。但另一方面，这些非主流思想的经典和文本也流传了下来，千百年之后，又有人可能重新发掘出公羊家法和墨学微言。

上述过程不仅在千百年的尺度上成立，由于分形的自相似特征，在更小的尺度和更窄的空间中也能适用。人们常观察到，不同代际的学者观点存在周期性的波动或回归，其实就可视为对这种现象的反映。因为上一代经过竞争的思想在下一代固化，又由于自发突变的产生而进一步分裂。在个人的生命体验史中，有心人也会概括出不少经验，所谓不断"返璞归真"，这就是上述现象在个体身上的体现。

据此可对一些长期困扰我们的问题进行阐发和说明。对知识爆炸的慨叹，从轴心时代开始到今天一直不绝于耳。当然，一方面，知识确实在迅速扩充，但另一方面，知识的淘汰也在随时进行，甚至有的年代知识的淘汰会比知识产生更加迅速，在某些方面可能还会出现现代人所掌握的知识远不及前人的现象。那是因为前人只有这个知识需要掌握，而现代人需要了解更多的东西。人类自身生理条件所确定的记忆容量和理解速度，才是约束人类发展的原因所在，这也就导致了知识爆炸不可能迅速展开。

但也正是在那几个关键时代所产生的思想和方法，决定了此后整个社会的走向。这是建立者效应的鲜明体现。可能当时并不能察觉到有什么不妥之处，甚至期待会产生更好的结果，但是年深日久，这样的"遗传基因缺陷"还是会暴露出来，并在新的条件、新的环境刺激下，导致灾难性的后果。

从轴心时代到今天，知识爆炸在不同文明中已经进行过几轮。激动人心的总是那些充满着变异和突变的思想迸发阶段，那往往也是高风险的阶段。绝大多数思想都会在市场中被充分交换和淘汰，最终只能留下少数的思想。之后的时代则是为轴心时代的思想做注脚，虽然丧失了之前百家争鸣时的模糊和多向，但带来了严谨和规范，同时也激励着下一代的人继续推动知识的积累和发展。

最后这点结论似乎有些消极，尤其是对身处一个并不那么令人兴奋的时代的研究者而言。但大自然也会适当保留大量的多样性，以提供一个完备和可利用的基因库，思想如此，生物也是如此。学者仍然可以选择去研究那些过去离经叛道的学说，并且这种研究也可能在未来帮助我们在新一轮竞争中找到更正确的选择。

从这个意义上看，知识融通就变得没有那么重要了。知识的品质和所处能级以及它与前后知识的关系，可能是更加值得关注的。融通本身只是特定历史阶段的产物，并且我们也不可能做到真正的融通，而只是在形式上让人们相信了这个融通而已。这一点，古今皆然。

（2022 年 2 月 3 日）

朽坏的永恒和永恒的朽坏

文理之争为什么能够变成一个值得讨论的问题呢？如果我们回顾从 20 世纪中期以来文科和理科的历史性争论，并且对比文理科在三百年前的遭遇就会发现，在康德的时代需要他为之大声呼吁保留的哲学（这其中就包括了自然科学）反而在罗素的时代成为历史的"反面"。事实上，文理之争所讨论的命题，都在之前的学科发展过程当中早就存在，并不是新产生的问题，真正促使文理之争产生的原因，是文理学科地位的不均等。

这就像中西之争一样。从明朝末年开始，中国与西方学术文化的交流从未彻底中断。从汤若望到南怀仁，再到马戛尔尼，中国学者获知西方学术进展的途径始终存在，并且这种交流也一直存在。

但是在鸦片战争之前，并没有真正意义上的中西之争。清朝的统治者和士大夫并未把西学看作一种可与中华文明等量齐观的文明，西学仍然是一种域外的新奇之物，最远也不过康熙帝所说"千百年后中国必受其害矣"。直到鸦片战争爆发，人们才突然意识到迫在眉睫的威胁，而这恰恰是中西之争发生的真正源头。文化保守缘起于文化危机。

不过如果只停留在此，那么仍然得不到对文化危机本质的深刻认知。不妨问这样一个问题：为什么我们看不到科学保守主义和西学保守主义呢？为什么保守主义一定要保护的是人文和传统呢？为什么出现危机的总是它们呢？如果问到这儿，那么我们不难看出，根本性的冲突并不是两个对等的文化之间的冲突，而是古今之争，传统与现代之争，不变与变化之争。

这里存在着一个有些神秘的倒置。人文、东方和传统，本来是复杂、多变、主观能动的，它们所强调的乃是人不依附于客观规律而自主选定的那些价值观念和行为方式。但正是这些价值观念和行为方式被塑造成了某种不变的传统，而这种不变进一步构成了文化和文明的过去那一面。它维系着意义世界的存在，但同时在变化面前软弱无力。

科学、西方与现代，在根本上根植于某种技术的产生。对于普罗大众而言，现代性乃至后现代性的种种理论，远不及面前的科技设备和娱乐手段来得直接。这些设备和手段无一不是技术的产物，而技术又依托于自然科学的铁律。不仅如此，这种思维方式也在侵入社会科学，让相关行业的研究者相信，他们所掌握的经验事实足以否定人们既往的价值观念。

在康德的时代，为什么哲学和相关自然科学在大学立足是一个难题？是因为既往的意义世界中没有它们立足的空间，而它们的成果又还不足以撼动现实生活的大厦。一旦客观规律真的发挥作用，人们又不得不乞灵于过去的传统来抵制这种客观规律的铁血和冷酷。在这里，不可撼动的意义和价值被物质规律轻而易举地瓦解，而精密的技术竟然酝酿出了混乱冗杂的后现代社会。

所以真正的矛盾其实只有一个，人类那模糊不清的自由意志所选定的主观能动和客观存在的物质或规律限制之间的矛盾，或者说得简单一点，注定朽坏的永恒和永恒的注定朽坏之间的矛盾。今天仿佛能够通向永恒的科学，按照这样的规律也将不可避免地走向它历史的消亡，取而代之的是一个崭新的朽坏，而永恒依然只在地平线上若隐若现。

（2021 年 2 月 22 日，原载《南风窗》）

人文学科的归宿最终只剩科学哲学

是不是太危言耸听了？且听下文慢慢道来。

时至今日，人文学科以及广义的社会科学，在自然科学及其方法论的进攻之下，步步退缩的态势已经是大家有目共睹的了。在这种情况下，人文学科所采用的反制措施无外乎以下几条：要么改造自身，使之完全科学化；或者试图利用科学来对自己进行修补；要么坚守自己非科学化的本色，并与科学划清界限。简单点说，就是文理体用之争：全盘理化、文体理用、全盘保守。

实际上，在人文学科中已经有若干学科率先完成了或者即将完成全盘理化的进程，比如经济学、考古学、语言学、一部分管理学和传播学。而整个广义的社会科学阵营（其中包括社会学、人类学、新闻学、政治学、法学等），也正在广泛地应用科学方法论对自身的学科研究体系进行改造。它们中的绝大多数，会在不久的将来演化成一种新兴科学。它们区别于传统科学的，无非只是研究体系和对象，而最终的研究导向都是某种事实判断。

传统上用来给我们提供价值判断的哲学、文学、历史学、宗教学、艺术学等学科，在这样的趋势面前，也不断有人提出要采用科学方法对其进行修正。量化研究、"数字人文"、人工智能等工具的引入，看似给这些学科带来了发展的东风，但实则造成了更深重的危机。因为这些工具所研究的对象从本质上说都只能是事实，而并不涉及价值本身。将它们引入人文学科，实际上并不能保存人文学科自身具有的火种，而是不断将那些适合科学研究的对象从人文学科中一点一点剥离出去，从而使得相应的学科更加科学化。

因此量化方法和数字手段的引入，表面上看是对传统人文学者的降维打击，实质上也是一种学科范式的重新变化。反过来说，如果有哪一个人文学者感觉不到这种降维打击，那么这种人文学科的内涵才真是那些坚持非科学化的人文学者应当坚守的。秉持着这一思路，让我们再来检视一下人文学科中还能剩下些什么。

首先，所有以社会现象的发展规律为主要研究对象的学科，也就是广义上的社会科学以及大部分历史科学，都将最终科学化。文学、宗教学、艺术学中与历史和社会相关的那些分支学科，也都会被科学化。上述学科最终剩下的，绝大多数只是它们其中的哲学部分。

那我们现在来重新观察哲学本身。具体处理社会现象和人类个体活动的政治哲学、道德哲学、伦理学等分支，虽然目前看来还离科学化有一段距离，但当整个社会科学都被科学化之后，它们也难以坚守自己的独立地位。而处理思维现象的传统形而上学和语言哲学，也正在被新兴的认知科学、思维科学、语言学等挑战。归根到底，思维现象不过是一种被研究的客体，仍然可以被事实化，也就逃脱不了科学化的命运。

那还能剩下什么呢？

当所有价值判断都被还原成了事实判断之后，我们能做的，只是对这个过程进行追问。换句话说，这时候，最后能幸存下来的只有对于科学自身的反思。当然这种反思也仍然在不断的迭代之中。一旦将科学方法视为一个具体事物，那么对其进行的研究将会很快被事实化。但不要紧，这种研究本身立马又产生了新的研究对象，从而可以继续下去。上述这个过程，就是元科学，或者是科学哲学。

到此处，还可以进一步深挖这个概念。人文与科学的二分，在过去主要是与人相关的现象和与自然相关现象的二分，但这种研究体系的不同，没法构成实质性的区分。如果将其上升到事实与价值判断的二分，看似做出了一个较为明确的区分，但由于价值判断最后依然要依靠事实判断来落实和执行，因此依然阻挡不了科学化的浪潮。真正值得区分的乃是思维本身的层次，人文学科永远是元层次的思维。只有这种区分才是对二者本征性的区分，也能解释为什么科学源出于人文，而科学终将吞噬人文的历史规律。

元科学永远是晦暗的、表意不清的、高度依赖经验的、难以明确定义的，这时候它将以哲学的形式（但可能是不同的名义）存在在所有其他学科当中，这也正是过去形而上学所扮演的那个角色。只不过传统的形而上学业已完成了从模糊到精确的改造，那么就已经离科学化的大门不远了。在它被替代之后，就会有新的元科学涌现。未来，这一过程还会继续迭代，或许永不止歇。

（2021 年 6 月 19 日）

知识分子应当具有的思维方式

日常语境中的"知识分子"几乎与"学者"或"理论家"是同义词，这本身代表着一种与大众具有疏离感的刻板印象。而在阶级成分表格中填入的知识分子又赫然与工人和农民并列为社会劳动者的一部分。由是，一般意义上的知识分子究竟所指为何，并非十分明确。要讨论知识分子的思维方式，首先应当明确何为知识分子。

中国曾经将知识分子与传统的"士"或"君子"相

联系，如陈寅恪在王国维纪念碑碑文中所提"士之读书治学，盖将脱心志于俗谛之桎梏"即是此意。如果上追更远，则从文明诞生时代起的祭司、僧侣、儒生、教士都有知识分子的潜质。但西方意义上的知识分子（intellectual）一词起源其实十分晚近，直到 19 世纪中叶才有这一概念，其广为人知的起源有二：来自俄国的"知识阶层（intelligentsia）"和法国的"知识分子（intellectuel）"。这二者都有着丰富的社会历史背景：在俄国是延续了整个 19 世纪的民族启蒙和社会解放运动，在法国是第三共和国时期的人权和司法制度斗争。在中国则可以追溯到 20 世纪早期的共产主义运动（有人认为 1921 年党章中已经出现"知识分子"一词，但原文系从俄文回译的版本，并且是贬义的"黄色知识分子"。但至迟到1927 年，"知识分子"已经与工人、农民等劳动者并列了）。因此，近代意义上的知识分子首先有着天然的社会阶层及其功能属性。

葛兰西曾经有"所有人都是知识分子"的论断，但他著名的"传统知识分子"与"有机知识分子"这一组对立概念也说明，他所谓"所有人都是知识分子"不能脱离这些个体所处的社会阶层和生存状态，也就意味着并非所有时空中的所有个体都能称之为知识分子。事实上，西方发轫于 19 世纪的知识分子概念乃是延续着文艺复兴以来对经院学者脱离现实的反思或是反叛，在当时提出知识分子并非是为了将学者区分于一般民众，而是试图推动沉浸在灰色理论里的智识阶层关注和参与社会变迁。不过一个多世纪过去之后，大众和知识界开始重新检讨过去知识分子过于"入世"的教训，回归理论和思辨的口号重又兴起。这是后话。

因此，知识分子的任务也与上面提到的其本质紧密相连。一方面，由于传承了自古以来学者、僧侣和教师的思想传统，知识分子需要具有基本的内省、反思和质疑能力，或者可称为思考思考的能力。质疑是一切理性建构的开端，也是理论体系不断完善的动力，知识分子必须始终保持质疑精神。而另一方面，呼应于名词中的"分子"二字，知识分子也不能忽视对客观经验的观照。这里的客观经验所蕴含的对象不仅仅可以是社会变迁中的现象或事件，而且可以推广到一切人类经验所及的客体存在，于此便可将科学与人文领域的知识分子思维方式统摄于一个概念之下。

更重要的是，知识分子作为社会中沟通理性与经验的成员，扮演着在此岸世界和彼岸世界之间摆渡的角色，将五彩斑斓的现实感官与灰色冷峻的观念想象嫁接在同一棵生命之树上。从现实到理念的归纳过程有赖于复杂的逻辑思维和高度抽象的能力，而从理念到现实的实践则更需要献身熔炉的勇气和准确精密的执行力。在双重任务之下，知识分子这两方面的能力都是应当被反复锻炼和实践的。

从上面的分析中不难归纳出，知识分子应当具有的思维方式总体上不离这四个相互关联的方面，即理性与经验领域及二者相互作用所依赖的思维方式。与此相关的一切思维方式，例如逻辑思维、批判性思维、怀疑精神、抽象能力、实践能力等，都应当属于上述思维方式的范畴。反过来，判断一种思维方式是否是知识分子所应当具有的，就需要看这种思维方式是否能够服务于知识分子的上述社会功能。把握住了这个本质，才能对不同思维方式及其与知识分子的关系做出清晰明确的判断。

此类思维方式并非完全形成于近代，其萌芽可以追溯到柏拉图时代的洞穴隐喻。康德的著名名言将头顶的星空和心中的道德律并列尊位，实际上已经涉及这二者的结合。马克思所指出的德国哲学革命与法国社会革命之结合，在 19 世纪推动了知识分子的诞生。尽管马克思本人在生前并未被冠以"知识分子"之名，但他的革命和理论生涯恰便是知识分子一词形成的注脚。

值得注意的是，现代社会以来知识分子的地位也在不断被质疑与反思。智识阶层曾经的过度自信被 20 世纪诸多人类实践一一驳斥，荷尔德林的警句"总是使一个国家变成人间地狱的东西，恰恰是人们试图将其变成天堂"，也一直是秉承英美经验主义传统的自由信条。信息时代正在并将继续改变过去知识分子阶层垄断话语权和信息源的局面，一个人人都可以成为知识和信息拥有者的时代正在到来。在新的时代中，过去的知识分子定位必将发生新的改变，沟通理念和现实中祭司般的地位岌岌可危，但保持反思和质疑的思维定位不会也不应当有本质的改变。未来知识分子应当具有的思维方式可能不限于今日学者们所心心念念的逻辑或实践，但对于人类精神文明和物质世界及二者相互联系的洞察依然会是题中应有之义。这是知识分子思维方式在未来的可能演化路径。

（2019 年 7 月 7 日）

康德在哥尼斯堡开过什么课?

　　自从 1740 年考入哥尼斯堡大学之后，康德的一生便基本没有离开过这座校园。事实上，除了大学毕业后的数年（1747—1755）曾短暂离开哥尼斯堡，到周郊的庄园担任家庭教师工作之外①，他甚至没有远离过哥尼斯堡

---

　　① 范扬：《康德传》，转引自钟离蒙、杨凤麟主编：《中国现代哲学史资料汇编续集（第 2 册）西方资产阶级哲学流派批判》，辽宁大学哲学系，1984 年，第 138—142 页。

一步，也一直以教书为主要职业。

当时德国大学的教授职位十分有限，大部分授课工作是由编外讲师负责的。编外讲师不能获得学校发放的薪水，必须靠按听课学生人数支付的课时费维持生活。康德于1755年4月17日在哲学系提交了其硕士论文，并于同年6月12日获得学位，同年9月27日进行了执教资格口试①，从而获得了上课资格，当年秋天便在大学开课。这一年他31岁。

康德所开的课程，不同传记记载不同，这可能和他执教生涯中不断变换课程有关。今天还可以读到康德自己撰写的一份他在1765—1766年之间所开课程的大纲和说明②，其中列出了形而上学、逻辑学、伦理学和自然地理学四门课程。Stanford哲学百科全书条目则指出还有数

---

① 曼弗雷德·库恩：《康德传》，黄添盛译，上海人民出版社2014年版，第132—133页。

② Kant, Immanuel (1905), Nachricht von derEinrichtung seiner Vorlesungen in dem Winterhalbenjahre von 1765 – 1766, *Königlich Preußischen Akademie der Wissenschaften*, Kant's Werke, Vol. 2 (Berlin, 1905), 303–313, 德文原文参见 https：//www. projekt-gutenberg. org/kant/einricht/chap001. html

学与物理学①，有人认为还有力学②，有人甚至说还包括几何、三角、流体静力学、气压测量学和水力学③。网上流传一份康德开课的时间表：

自 1761 年（37 岁）后，康德的课程表是这样安排的：每周一、二、四、五固定上课的时间是，早上 8—9 点讲《逻辑学》，9—10 点讲《机械学》，10—11 点讲《理论物理学》，11—12 点讲《形而上学》，下午 2—3 点讲《自然地理学》，3—4 点讲《数学、平面几何学与三角》。到 1777 年（53 岁），康德每周授课在 26—28 小时之间。他终于在 1770 年被聘为正教授。④

这未必是康德所有时间的课程表，但是很符合人们

① Rohlf, Michael, "Immanuel Kant", *The Stanford Encyclopedia of Philosophy* (Fall 2020 Edition), Edward N. Zalta (ed.), URL =<https：//plato. stanford. edu/archives/fall2020/entries/kant/>.

② 程志民：《康德》，湖南教育出版社 1999 年版。

③ 谭林编著：《中外名人教师生涯研究》，四川科学技术出版社 2018 年版，第 161 页。

④ 豆瓣网：《案例：康德的作息时间表》，https：//www. douban. com/note/481644739/，2015 年 1 月 26 日。

心中康德时间精确的生活习惯（据说哥尼斯堡的居民以康德的散步时间校准当地钟楼的报时）。大部分文献都指出，在 1755—1770 年之间，康德每周的上课时间都在 16 个小时以上，有时甚至高达 28 个小时。不过尽管如此勤奋，康德的教授之路却是一波三折，经历了 15 年才得以晋升。1756 年，他以《物理单子论》为论题申请教授职位，但没有获得通过。1758 年，他再次提出申请，却没有通过当时占领哥尼斯堡的俄国政府的选拔。此后，哥尼斯堡大学的诗学教授出缺，德国政府有意请康德接任，但他更希望担任哲学教授，因此又推迟到 1770 年才最终得以晋升。

康德此时开设的课程，无疑和他的研究兴趣相关。1755 年，他的科学著作《宇宙发展史概论（*Allgemeine Naturgeschichte und Theorie des Himmels*）》出版，提出了著名的星云假说，这一假说后来以他和拉普拉斯的名字共同命名，也使得他跻身天体物理学先驱的行列。他的硕士论文也是关于火的性质研究，符合自然哲学的研究范围。不过，也正是在讲师工作期间，康德开始酝酿自己思想的转向，从经验论转向批判的唯理论，这从他 1770 年申请教授职位的著作《论感性世界和理智世界的形式与原则（*De Mundi sensibilis arque intellegibilis foma et principiis*）》即可见一斑。此后，他便开始了《纯粹理性批判》的写作。

（2021 年 12 月 11 日）

丙部　科学与社会

令人惊奇的惊奇

　　熟鸡蛋到底能不能变成生鸡蛋？据说某职业培训学校的一个老师可以把煮熟的鸡蛋变成生鸡蛋，还能接着孵出小鸡，孵出的小鸡还能接着下蛋，相关论文已经发表，其原理则是神秘兮兮的"超心理意识能量方法"。消息传出，一度引发社会舆论。

　　一般而言，这种"特异功能"新闻每隔一段时间就会蹦出来一次。我们不断发现一些令人惊奇的事实，被人们以匪夷所思的方式"实现"，例如 20 世纪七八十年代火红的"耳朵听字""水变油"，20 世纪以来热门的词语"量子科技""纳米材料"，以及更受西方人青睐的"心灵感应"和"超自然力量"。为这些特异功能站台的可不是平凡之辈，而是社会名流与知识精英。

科学哲学家和反对"伪科学"的斗士们一向对于"特异功能"嗤之以鼻，并且最常援引的是波普尔的"可证伪性"理论来对上述现象进行反驳。但是这套话术正在被他们的对手所学习，以至于诸多包含着"特异功能"的文献已经打入科学共同体的内部，"可证伪性"本身都面临着被污名化的危机。说实话，对于"特异功能"本身，我们没有什么发言权，因为我们并不真的具有"特异功能"，所以对那些真的具有"特异功能"的人而言，和我们对话简直是对牛弹琴。作为不具有"特异功能"的芸芸众生，我们所能做的，只是思考为什么特异功能能够在社会上如此风靡。

其实，"特异功能"之所以"特异"，或者说之所以让大众感觉到如此"特异"，并不在于它们的功能本身，而在于它们声称的效果。"特异功能"的制造者和传播者延续着来自神仙家、炼丹术士的优良传统，为我们人类的各种美好幻想提供了一个现实的出口。他们所许诺能够实现之事，都完全与我们当前的经验相背离：熟鸡蛋怎么能变成生鸡蛋呢？水怎么能变成油呢？耳朵怎么能听见字呢？诸如此类。至于他们如何能够实现这一点，说实话，大众既不会听懂，也没办法听懂。

狗咬人不是新闻，人咬狗才是新闻。"特异功能"的制造者和传播者无疑是深谙传播学真谛的，懂得制造惊奇才是吸引关注和获得传播的主要途径。并且在有意无意之间，我们的科学传播话语也在塑造着某种意义上的惊奇。无论是对于科学精神中"好奇心"的推崇，还是对于那些让人惊奇的科学事实的传播，似乎都给人这样一种印象：在让人惊奇这方面，科学与巫术并没有本质的区别。

然而事实并非如此。当我们深究科学发现给人带来的惊奇，就会发现它并不是简单地对我们日常经验的背离，而是在一个更高的视角上对于当前事实的重新阐释。当伽利略用望远镜看到木星旁边还有四颗小卫星的时候，在他心中激起的对自然奇观的礼赞，可能与戴维电解熔融的氢氧化钠得到金属钠时心态相似：这是一种从洞穴隐喻中的束缚状态解脱出来的欣喜。

而"特异功能"恰恰根本没有走出我们对经验世界的观察，它只能用一种现象代替另一种现象，因此他们提出的问题永远只能停在熟鸡蛋和生鸡蛋之间的转化上，而根本无法了解其本质，遑论提出或解决真正的问题。也因为此，他们就无法理解科学家早就认识到了熟鸡蛋在某种条件下也可以转化成生鸡蛋：只不过是以一种完全不同的视角。

　　所以让人惊奇与否，并不是原始创新的开端，只有造成这种惊奇的问题本身也是让人惊奇的，才真的有可能是科学精神的萌芽。以此观察"特异功能"，绝大部分就会不攻自破了吧。

　　　　　　　　　　　（2021 年 4 月 28 日，原载《南风窗》）

《流浪地球》背后的冲突

　　为什么刘慈欣和《流浪地球》会触动很多人甚至得罪很多人？其中一个原因应该是他作品中浓重的技术决定论。这里头的根本分歧不在于人们对技术的认知如何、对技术给道德以功利解释的满意程度如何，而在于是否承认技术或者其背后的理性乃是唯一可信的认知世界的方式。如果承认，则道德和抽象的人性终将被技术分析取代，即使产生出更加符合当前我们对人性认知的逻辑方式，也一定是技术性的，只不过不是机械还原论的。如果不承认，那就意味着总会有抽象的、无法用还原论分析的人性或人的部分精神世界。

这个分歧导致了是否可以说服人消除对技术决定论和功利主义道德观的敌意的问题。诸如"人被杀就会死"这种事实陈述，它给出的客观判断是否应当由人类来决定，是一个悬而未决的问题。理性和技术是假手人类来替自然选择，做出一个冷酷（杀人）但可能有利（拯救全世界）的决定。这决定在理性范围内无懈可击，唯一可能的反驳是当前的认知是否完全准确，但这也可以通过技术进步来消解。

而真正的诉诸人性的解决方式是念经诵咒（停手不动，等着自然行动）或随机乱动（让行为责任人遵从自己的本心），并相信人性或人的自由意志之一部分有其存在意义。这种存在意义，并不是由它们可能的功利主义后果（如说自由有潜在好处、人性有社会功效等）所保证的，乃是先验的。所以基于技术分析的讨论框架，实际上无法说服这部分观点的持有者：人性就是人性，本身就有无尽光辉。"直男"之所以是"直男"，不是因为他讲道理，而是因为他只讲道理，而不相信直觉、情感、神秘主义。

上面给出了一个简化的框架，但不难发现大多数讨论是可以在这个框架之内展开的。另外必须声明，上述讨论没有预设谁对谁错，事实上也没有对错，只是不同人的选择。

另一个想说几句的问题是，为什么有人要对大刘搞诛心之论，批判他的创作动机和思想根源？其原因是：大刘红了，在当代的中国红了，赢得了非科幻爱好者的广泛赞誉。论起科幻本身的水平，无论技术设定还是文学修养，大刘都难称顶尖，但他红了，说明读者不仅仅是因为他作品自身的水平来捧他的。否则，王晋康、韩松、特德·姜、克拉克，为什么没有在中国大红？换句话说，大刘的作品虽然未必做到"人人笔下无"，但却是"人人心中有"，这"人人"乃是当代中国的普通人。

因此，这里的讨论要分成两部分：就刘慈欣而论，无论其本心如何，不应缘心论罪，退一万步说，也不能因人废言。但作为流行作品作者的刘慈欣，其作品已经经由读者选择这一步被赋予了新的社会功能和意义，因此讨论其动机、诱导因素、背后的集体无意识是有意义的，也是十分必要的，因为它们回答着下面的问题：为什么刘慈欣火了？你可以说，崇尚技术群体恰好与之契合，大刘搞的黑暗森林、"失去人性失去很多、失去兽性失去一切"很对这些人的胃口，因此才催火了大刘。或许还有别的回答。

"让上帝的归上帝，恺撒的归恺撒"，但如果恺撒是牛顿，则未免引发拉普拉斯们的思考，是不是要让上帝的也归牛顿？这个冲突是带有根本性的，在科学日益入侵世界的今天，值得关注。

（2019 年 2 月 9 日）

"化学 = 文学" 论

化学的本质是什么？对于这个问题，一直以来有着各种各样不同的讨论，因为它涉及化学学科的定位以及化学与其他学科之间关联的问题。

一个非常非常著名的 slogan 是 Chem is try——化学的本质就是尝试。的确，从炼金术和炼丹术的前身开始，化学带给人们的第一印象，以及所有化学家们自我认同的方式都是不断尝试。但是如果仅仅停在尝试这个层面上，似乎还没有完全揭示化学的本质。因为世界上有很多种不同的尝试方式。如果将人们所有的尝试都归结于化学，恐怕也不见得能够获得认可。

化学的尝试在于创造新物质，这一点倒是能够获得大部分科学家们认可的。只不过，对于创造新物质，这一点，有的科学家认为单凭尝试还不够，还需要靠理论。的确如此，在现代化学的发展历程当中，简单的常识已经不是主流了，靠理论进行的尝试才是重要。但是这依然没有打破化学作为一门实验学科的本质。现如今的理论化学，虽然已经发展到蔚为大观的地步，但是如果没有实验依据，依然不能为主流化学界所全盘接受。

细究尝试一词的本意，其中"尝"字有一些偶然试探的味道，而"试"字则带有实践考察的意味。如果我们把重点放在后者上，则不难看出化学的尝试主要是要在实践当中创造出新的物质。这样一种创造，在古人那里是各种想象的巧夺天工，而在今人这里，则是可以看得见摸得着的神奇物品。古人的魔法石和今人的催化剂，其概念意义和大众影响并无本质差别。这其中又带有创作的意味。

如果说到创作与创造，则不免让人联想到另一个非常重要的学科：文学。自古以来，文史之间的殊途就一直是文艺理论讨论的重点。文学重创造，史学重实证。而如果我们将化学与文学相提并论的话，则不难发现，其中非常有意思的相似之处。化学的目标是在通过实践创造出自然界前所未有之物，或者更好地模拟自然界所已经存在之物。而在文学一侧则是通过文字的变化，创造出从未有过的文辞与辞藻，或者尽可能地描摹已经存在过的对象。二者的旨趣实在有异曲同工之妙。

想到这里，有些问题还可以进一步探讨下去。在化学发展史上一直有着理论和实践的争论，而理论的问题最终都会归因于相关的物理问题。与之相类似的是，文艺理论和文学批评终将回到哲学与历史的范畴中。另一方面，化学创造与文学创作本身又常常被那些持有理论观点的人所排斥。非但如此，在化学创造和文学创作的过程中，理论确实也起到了反哺于创造与创作的作用，有时候甚至是重要的指导性作用。在有一些场景当中，化学与物理，文学与历史、哲学几乎已经到了密不可分、水乳交融的地步。

在更高的维度上讨论这一问题，这也正是科学（采用韦伯对于科学的定义，包括了现代学术所有门类在内）与艺术的分野所在。一者重视观察，一者重视创造，这在过去的学科分工当中，似乎并不明显，但这是二者的本质区别，在未来学科的发展当中，势必要体现出作为根本性区分的力量。事实上，在其他类似学科领域，已经或者正在体现出这种分别，例如建筑和土木工程、园林和农业科学、汽车与动力工程，等等。

一个大胆的推测是，随着时代的发展和学科归类的日益模糊，众多学术理论将日渐归属于某些核心学科之下。而与之相对应的创造层面，则会融入过去的艺术与创造之学中。今日作为自然科学的化学，在未来会发生分化，一部分将融入物理当中，作为一种面向分子体系的物理学而存在。而另一部分进入艺术与技术的范畴中，在那里还将获得更大的发展空间。其实我们今日所见到的一些奇特分子和独特结构的构建，已经在通向艺术的道路上了。

说到底，化学与文学本来就有着密切的天然联系。二者的名字都来自《周易·贲卦》，"观乎天文以察时变，观乎人文，以化成天下"。为文之道与化成之道，本来是相通的。从这个意义上说，化学的本质是文学。

（2022 年 1 月 1 日）

后发国家何时获得诺贝尔奖？

　　大概很少有科学家会预测自己能够获得诺贝尔奖，比这更少的是试图预测自己能够提前获得诺贝尔奖，因为前者是后者的前提。为了分析这样的预测是否合理，我们需要研究这样一个问题：与中国相似情况的后发国家，它们科学创新发展的阶段及其获得诺贝尔奖的规律是什么？

　　众所周知，近代自然科学革命起源于欧洲。在诺贝尔奖创立的 1900 年，欧洲是自然科学研究绝对的中心，不仅英、法、德等传统强国人才济济，瑞典、瑞士等中小国家也表现不凡。20 世纪以来，在科技创新领域后来居上的代表性国家，主要是美国、日本和俄罗斯。

美国在 1950 年之前，一共有 21 次获得诺贝尔三大科学奖，获奖者 28 人。美国历史上第一位诺贝尔科学奖得主是以干涉实验获得物理奖的 Albert Michelson（本来是波兰人），时间是 1907 年，其后 7 年才有 Theodore Richards 获得 1914 年化学奖，此后又隔 9 年才有 Robert Millikan 因油滴实验获得 1923 年物理奖。他们三位虽然最高学位都在美国获得（Michelson 无博士学位，Richards 毕业于哈佛，Millikan 是哥伦比亚大学物理系第一个博士），但都有在德国或法国留学交流的经历。第一个纯本土培养的美国诺贝尔奖得主是 1927 年因散射获得物理奖的 Arthur Compton，而下一个获得 1932 年化学奖的 Langmuir 又是哥廷根大学的博士。可以说，在 1933 年大规模移民潮来临之前，美国科学界的精英都是移民，并且 30 多年中只有 5 人得奖，频率很低。1934 年开始，美国科学家进入获得诺贝尔奖的井喷期，除了因二战停发的几年之外，几乎每年都有美国科学家获诺贝尔奖，但这 23 人中有 4 人是外来移民。

总的看来，美国诺贝尔奖得主从出现到井喷，经历了 30 年左右的历程，并且其井喷还有当时世界大战和移民潮的双重影响。而如果从美国融入近代自然科学学术共同体算起，则时间更长。一个可以参照的节点是，1863 年耶鲁大学给 Josiah Gibbs 颁发了全美国第一个工程博士学位。如果设定为 19 世纪中期，则美国从开始有系统的学术人才培养到产生本土诺贝尔奖得主，至少花费了五六十年，再到井喷式涌现，共花费了接近 90 年。

日本第一位诺贝尔奖得主是 1949 年的物理奖获得者汤川秀树，在他之后直到 20 世纪末，日本一共只产生了 4 位科学奖得主，并且第二位朝永振一郎与汤川秀树时隔 16 年之久。进入 21 世纪以来，日本本土已经产生 16 位诺贝尔科学奖得主，还有 1 位日裔美国科学家（南部阳一郎），可以称之为井喷式阶段。从出现第一位诺贝尔奖得主到井喷式涌现，日本花费了 50 年时间。而如果考察系统的学术人才培养的话，日本最早可追溯到 1868 年明治维新开始，也即经过 80 年才产生第一个诺贝尔奖得主。

俄罗斯历史上曾经有过很多重要科学家，其中如门捷列夫长期被认为应当获得诺贝尔奖而没有获得。俄罗斯第一位诺贝尔奖得主是 1904 年的巴甫洛夫，第二位是 1908 年的伊·梅契尼柯夫（生理学或医学奖），此后长达半个世纪没有俄罗斯科学家获得诺贝尔奖。这与当时俄罗斯政权更迭、长期陷入革命与战争可能有着密切关系。苏联时期，1956 年，谢苗诺夫获得诺贝尔化学奖，开启了一个井喷期，此后到 1964 年的 8 年间，有 7 位俄罗斯科学家获得诺贝尔科学奖。但此后，俄罗斯科学界再没有重现这一辉煌。直到 20 世纪末，1978 年卡皮查获得物理学奖。21 世纪以来，也有两位俄罗斯科学家获得物理学奖，但其工作都是在苏联时期完成的。总的看来，俄罗斯从战争中恢复人才培养和科技产出，用了半个世纪的时间，但此后的体制僵化和社会经济停滞乃至倒退又使得人才逐渐凋零。

　　总结一下，后发国家从零开始到获得诺贝尔奖，一般需要 60—80 年时间，这其中还未曾经历科技人才培养体系的全面断裂。而从第一个诺贝尔奖得主到诺贝尔奖得主井喷式出现，还需要 30—50 年的积累。如果这其中经济社会或人才培养体系出现停滞倒退，这一进程还会受阻。

我们可以期待中国科技界的诺贝尔奖时代，但需要一个长时间的孕育期。

为什么需要如此长时间的积累呢？其中可能有这样一些关键因素。自然科学领域人才的养成与工程技术人才不同。后者可以通过批量方法快速培训，因为所产出的是工程师或技术人员。而自然科学顶尖人才是要做真正的创新性研究，这需要（1）对既有科学知识体系的彻底了解和系统传授；（2）科学文化、科学思维方式在全社会的积累；（3）本国内顶尖人才数量的积累足以支撑高质量的相互启发与激励。这些因素共同作用于科学共同体，才能孕育对科学体系的范式突破和创新。

不可否认，中国当前的科学人才培养体系正在经历着深远的变革，其中发挥着主要作用的可能正是不少海归科学家。但越是担任重要的位置、从事重要的工作，越要谨慎为之，切不可在暂时的成就中被周围舆论或团队的声音冲昏了头脑，甚至被其他不怀好意或者至少有着其他利益诉求的势力所裹挟。倘若因此走进了新的泥潭，即使有可能昙花一现，长远看来也会陷入困境。巴甫洛夫等人之后，俄罗斯本来发达的生物学研究因为李森科等人借助政治势力对摩尔根学派的打击而迅速没落下去，就是前车之鉴。

"功成不必在我"，个人的地位应当放到更长的历史中考察。长冈半太郎提出了原子结构的土星模型，早于Rutherford，但被西方学术界忽视。后来他回到日本，门生遍天下，成为日本近代物理学教育和物理学科建设的核心人物，并终于在他的学生中培养出了汤川秀树这样的人物。Debye 比自己学生辈的助手 Schrödinger 还晚 3 年才获得诺贝尔奖（1936 年），更不用说从未获得诺贝尔奖的 Arnold Sommerfeld 了，但他们的历史功绩无人否定。"风物长宜放眼量"，科学人才成长和孕育自有其规律，当代人做好当代的事，便是对历史负责。

（2019 年 3 月 4 日）

先定一个小目标？

2018 年诺贝尔化学奖再一次出乎化学界和相关学术界绝大多数人的意料，延续了近十年来化学奖"猜不着"的传统。赞同者有之，怀疑者有之，批评乃至谩骂者亦有之。

其实无论是觉得发得好的还是发得不好的，至少都承认诺贝尔化学奖是重要的，否则这种讨论就没什么意义了。至于好与不好，原因无非是诺贝尔奖委员会的标准与我们认识的标准不是一回事。当然也有另一类观点（比较少），就是诺贝尔化学奖近年来已经逐渐走偏，不符合主流化学界认知，权威性不再，不值得关注。

但是，诺贝尔奖评选也并非是五六个评委拍脑门得出的结论，决定的背后有着多重筛选和考量，因此即使诺贝尔奖委员会的标准存在偏差，这种偏差也不是孤立的，而是客观存在于化学界及相关学术界的一种判断。我们固然用不着将其奉为圣明，但也不能闭目塞听，一棍子打死，而要客观分析，择善而后从。至于说到有没有发给化学家的争论，则是更表层的观察。诺贝尔奖所评判的是在化学领域的贡献，和一个科学工作者是不是化学专业毕业、是不是在化学系工作、有没有拿化学方向的基金没有什么关系。

诺贝尔奖委员会对于优秀化学工作的认知与化学界的期待存在差距，已经被这十年来的事实证明了。这种差距反映着什么问题呢？它实际上可能是化学界自己对化学的认知缺乏深度共识的一种体现。自从 20 世纪后半叶化学被戴上了"中心科学（central science）"的帽子[1]以来，化

---

① Theodore L. Brown and H. Eugene LeMay, *Chemistry: The Central Science*. Prentice Hall, 1977.

学界对于"什么是化学"这个问题的认识就开始变得模糊起来，其中一个显著的例子是中美两国最好的化学系，哈佛大学的更名为"化学与化学生物学（Chemistry and Chemical Biology）系"，北京大学的更名为"化学与分子工程（Chemistry and Molecular Engineering）学院"，和数百年来雷打不动的数学、物理、生物［虽从"生物学（Biology）"改为"生命科学（Life Science）"，但实质未变］等学科名形成了鲜明对比。

时至今日，人们虽依然把"在分子层面上认识和操纵物质"作为化学的主要目标，但对于如何完成这个目标、在什么样的体系中完成这个目标、完成到哪一步才算完成等必要的"工程规划"却仍莫衷一是。更令人尴尬的是，不同领域的化学工作者之间也对彼此的工作意义存在不同看法甚至是某种偏见，这种偏见不仅仅存在于基层的化学工作者之间，也存在于化学界的顶尖人物之间。诚然，学科内部不同发展方向之间的争论是常态，但这也应当分为两种：一种是为了渡过汪洋大海，有关坐船还是坐飞机的争论，另一种是要渡海还是要登山的争论。前一种是手段之争，最终结果总是学科进步；后一种则是目的之争，是对学科本身的挑战。

为了分析这个问题，让我们回过头去，考察一下研究化学的本源动机。一说到研究科学，大概正常的科学家都不会说是为了名利，而会用一个经典答案——"好奇心"。的确，好奇心驱动是科学进步的常态。但是如果我们再问一句：好奇心又是从哪里冒出来的呢？这个问题就值得再次思考了。让我们征引爱因斯坦一百年前在《探索的动机》中的一段话：

> 人们总想以最适当的方式来画出一幅简化的和易领悟的世界图像，于是他就试图用他的这种世界体系来代替经验的世界，并来征服它。这就是画家、诗人、思辨哲学家和自然科学家所做的。他们都按自己的方式去做。各人都把世界体系及其构成作为他的感情生活的支点，以便由此找到他在个人经验的狭小范围内所不能找到的宁静和安定。①

这里丝毫没提好奇心，但其实讲的就是科学家的

---

① 阿尔伯特·爱因斯坦：《爱因斯坦文集》（第一卷），许良英等编译，商务印书馆 2018 年版，第 170—174 页。

"好奇心"。这种"好奇心"不是——至少不仅仅是——儿童看见新奇事物或民众发现新鲜玩意儿的那种朴素的好奇，不是孤立的、凭空产生的，而是来自一定的知识积累和客观实践的。这种"好奇心"不是简单地满足人们的猎奇心理，而是对智性、对理念、对人类思维和实践能力的一种探索。因此，泛泛地谈论好奇心这件事情是危险的，因为好奇心之间存在差距：有的高级，有的低级；有的符合学科发展的规律，有的未必符合。

那么化学家的好奇心本来是什么呢？化学家的来源有二，一类是炼金的，一类是炼丹的，所以通俗地说，化学家的好奇心就是服务于点铁成金、改天换地、延年益寿、起死回生的。其实直到今天，这仍然是化学研究的最主要动机，只不过常常为我们有意无意地忽视了。前面提到的"在分子层面上认识和操纵物质"这个口号，是新原子论成熟之后才有可能提出来的，是上述"好奇心"具体化的一种体现，其核心是分子，也因此化学有时被称为"分子科学"。但化学家改造世界的理想就一定要被束缚在分子层面吗？不见得。

如果把"点铁成金、改天换地、延年益寿、起死回生"这几个词概括一下的话，那或许就是"超越自然"。

化学自身的独特性，以及过去和未来人类对化学学科的需求，都要求它能够突破自然界原有存在的限制。因此在化学界，评判一个研究的问题、方法和体系的原创性时，其实应当有两个维度：明的维度是与古人比，与人类已经取得成就相比；暗的维度是与自然界比，与现存的物质世界相比。这是化学所谓"创造新物质"的题中应有之义。

整个 19 世纪和 20 世纪前半叶，化学界的发展集中在解决"如何用人工方法创造出已经存在的或可想象的物质"这个问题上，也取得了很大的突破。到今天已经可以说，在纸面上随便画出一个有机分子的结构式，就会有办法把它合成出来。随之而来的各种化学产品的工业化也对人类文明的发展提供了强有力的物质支撑。但到了 20 世纪后半叶尤其是本世纪以来，化学界面临着问题不足的危机：可以想象的分子和其基本合成方法都已经接近成熟，下面的问题是完善和改进，我们已经基本实现了人工创造物质的理想。但也就这样了吗？

21 世纪以来，有许多化学家都在试图为化学界重塑核心问题①②，但他们提出的问题或多或少都有不足，并且也没有得到化学界的一致认同。比如徐光宪先生提出的四大问题（含时化学反应的量子力学和统计理论、结构—性质定量关系、生物体系的化学机理、纳米尺度的化学机理），确实都具有很高的挑战性和概括性，但究其实质都是 20 世纪化学研究的精细化问题，属于"老房装修"而非"新楼改造"。George M. Whitesides 提出了二十四个问题，有些是交叉问题（如大脑、死亡、机器人），有些是老问题（生命的化学基础、理性药物设计、新分析方法、催化），有些是别的学科的问题（耗散结构理论），整体上没有一个宏观设计，显得有些杂乱。

这种意识上的混乱造成的最重要后果是化学界正在失去吸引力，无论是对人才、学科话语权还是资本。人们投身学术研究、科学家之间相互交流、资本支持学术研究，前提是学术本身能够提供他们想要的。物理学家有高远的目标：了解宇宙的核心秘密；生物学家也有高远的目标：了解生命的核心秘密；化学家的高远目标难

① 徐光宪：《今日化学何去何从？》，《大学化学》，2003 年第 1 期，第 1—6 页。
② George M. Whitesides, Reinventing Chemistry, *Angew. Chem. Int. Ed.* 2015，54，3196-3209.

道是上面的那些问题吗？应当说，研究清楚一个有机反应、设计一类材料结构、搞清一个动力学机理等工作是重要的，但它们放在什么样的蓝图中、以什么样的方式呈现出来是更重要的：因为后者攸关对优秀工作的评价和学科发展的未来。

缺少了一个终极目标，我们就无从判断一个创新性的工作在历史坐标中的地位，从而陷入了不同方向何者更优的扯皮式争论中。而这种孰优孰劣的争论使得学界发展走向了小圈子时代：杂志编辑、基金评委和业界领袖占山为王、各行其道，宣传和概念正在代替科学本身。一个经典的反例是黎曼猜想，我们今天可以清晰地把黎曼猜想标定到数学界整个框架的某个地方（并且应该很高），同时还能把绝大多数研究黎曼猜想的成果排出重要性的顺序来。再如李政道所言，"只有一个物理"，在那里各学科问题的地位是井然有序、相互联系的，而这有赖于学科所形成的对终极目标的共识。我们是否敢说，"只有一个化学"呢？恐怕没有人敢说，并且不少人还在为某种"化学"贴上"××化学"的标签。

按照托马斯·库恩的著名理论①，科学革命之前的科学研究主要是解谜式的常规科学，而新范式的突破带来的是一系列新谜题，由下一批常规科学研究者进行解谜。如果化学界真的已经走到了共识失落、问题缺失的路口，那么既有可能产生新的范式革命，也可能走向衰落。如果在未来，化学的发展进一步走向细分化、专门化，研究的问题也日益技术化、具体化，那么化学的吸引力就会进一步衰落，物理和生物学就会进一步挤占和侵入化学原本的研究领域。化学家将面临着选择：要么转而研究物理或生物学问题；要么变成负责工程和技术的研究者，探索合成方法的改进、新材料的发现和应用、新工具的开发等。

本文无意在这里给出一个答案，因为无论是回答化学界是否会发生范式革命，还是回答化学界应当采取何种共识获得终极目标，都远远超过了本文和笔者的能力。但如果我们回顾化学史带给我们的启示，是否可以这样展开思考：要发现或创造出自然界从未有过的物质及体

① Thomas S. Kuhn, *The Structure of Scientific Revolutions* (Second Edition, Enlarged), University of Chicago Press, 1970.

系，甚至是类似于生命，但不是生命的某种体系。物理学家的宇宙是测算出来的，生物学家的宇宙是进化出来的，化学家的宇宙是不是合成出来的呢？我们不能仅仅满足于合成几个分子、修饰几个蛋白、制造几种材料，而要在全新的尺度（超越分子的，不仅仅是超分子或纳米尺度的）、全新的维度（超越时空限制的，具有时空有序性的复杂体系）、全新的环境（非常规物态、非典型环境）上挑战自然。

这里我们还要澄清两点。第一，纯粹科学与应用科学的取向不同，两者都有其独特的意义。本文专论纯粹科学，应用科学自有其取向，和化学相关的例如化学工程、材料工程、环境工程等领域依然大有可为。第二，学术界需要有人扛旗，有人建框架，有人砌墙，有人搬砖。每个人只能做一块，完成砌墙、搬砖等"解谜式的常规科学"工作都是光荣的。但问题是房子有多大、地有多大、最后盖完什么样，要有学科共识，并且是可靠的共识，否则就只会盖成审美各异的乡间别墅群，或许很有特色，但也仅此而已。

回过头来看，定向进化和噬菌体展示（phage

display）比之化学生物学领域其他的成果（如非天然氨基酸的引入），虽不能说有碾压性的优势，但也不能说不在这个层次上。今年这么急切地把诺贝尔化学奖颁发给这一领域，尤其是没有考虑其他同等量级的贡献，还是有操之过急的嫌疑。弥合这种认识分歧，靠等、靠骂、靠写文章都是不现实的，还是需要化学界共同思考，先给我们定一个小目标吧。否则将来的诺贝尔化学奖都发给物理学家和生物学家的时候，化学家就只好拿"你们领的钱都是我们化学家卖炸药剩的"来聊以自慰喽。

（2018 年 10 月 4 日）

"理综"交卷，"化学"重归

    随着2022年诺贝尔化学奖最终花落点击化学和生物正交反应，化学界也迎来了一片赞许和支持。不少化学工作者甚至表示，这是他们期盼已久的一个发给化学界的化学奖。的确，Sharpless和Bertozzi早已是众望所归的获奖者，笔者本人也曾多次预测他们会最终问鼎诺贝尔化学奖。不过，今年诺贝尔化学奖回归化学，到底是"理综奖"的偶尔平衡，还是进入新常态呢？这个问题其实关系到国际科学界对化学的定位和认知。

不少观察者都已经注意到，21世纪以来诺贝尔奖颁发逐渐出现了一些特定的年份规律，这在物理奖和化学奖中的体现尤其明显。所谓年份规律的意思，是指诺贝尔奖会在不同的学科分支领域之间求取平衡，比如物理奖大约每3—5年就在以下几个领域当中循环一次：凝聚态物理、高能物理、天体物理、原子分子光学和统计物理，先后顺序可能稍有错乱，但一般都保证每3—5年上述领域中就会有一个成就获得诺贝尔奖。

化学奖之所以之前被广泛诟病为"理综奖"，其中一个重要原因是因为获得化学奖的很多人并不是化学家，或者做的并不是传统化学研究。但如果我们站在发奖规律的角度来看，就会发现诺贝尔奖委员会在化学不同领域的平衡分布方面是有所考虑的，并不像有些人所谓的"其他的诺贝尔奖不方便得的都让得化学奖"。只不过化学涉及的领域更多，而不同领域的权重不大一致，因此它们的周期变化也比物理奖要复杂，在外人看来就显得有些杂乱无章、难以预测了。

从20世纪末到2014年，化学奖体现出了对以下7个领域的特别偏爱，我们可以将它们分别总结如下：

（1）结构生物学领域：离子通道（2003 年），真核生物转录（2006 年），核糖体结构（2009 年），g 蛋白偶联受体（2012 年）。不难看出有一个非常明显的规律，每三年就会有一个结构生物学工作获得诺贝尔奖。

（2）合成方法学领域：不对称催化（2001 年），烯烃复分解（2005 年），催化偶联（2010 年）。这个规律也很显然，大约每 5 年就会有一个合成方法学的工作获得诺贝尔奖。

（3）生物化学领域：PCR（1993 年），ATP 合成（1997 年），泛素（2004 年），绿色荧光蛋白（2008 年）。生物化学是诺贝尔化学奖的传统领域，在 20 世纪平均每5—6 年会有一次发给生物化学。不过绿色荧光蛋白属于介于生物化学和化学生物学之间的一个研究工作。

（4）物理化学领域：电子转移理论（1992 年），密度泛函理论（1998 年），飞秒光谱学（1999 年），表面化学（2007 年），多尺度计算化学（2013 年）。物理化学领域包括了化学本身的理论和物理化学相关实验研究，一般每 6—7 年就会给这个领域颁发一次诺贝尔奖。

（5）分析化学领域：核磁共振（1991 年），生物大分子结构研究（2002 年），超分辨显微（2014 年）。分析化学领域大约每 11—12 年获得一次诺贝尔奖的规律是非常明显的。

（6）高分子化学领域：导电聚合物（2000 年）。高分子领域是化学奖的一个小众领域，在整个 20 世纪差不多要 20 年才能发一次。但随着超分子化学的发展，这个规律正在逐渐被打破。

（7）无机化学领域：富勒烯（1996 年），准晶（2011 年）。化学奖发给无机化学的概率可能是最低的，大约要 15—20 年才能发一次。不过无机化学本身和凝聚态物理有很多交叉之处，因此在 21 世纪石墨烯（2010）和蓝光二极管（2014）相继获得诺贝尔物理学奖。

上面我们对诺贝尔化学奖的发展领域进行了一些梳理，并按照它们获奖频次的顺序排列出来。不难看出，虽然号称"理综奖"，但是所有研究领域实际上都与一个核心词相关，那就是"分子"。结构生物学和生物化学研究的是生物大分子的结构和功能，分析化学和物理化学是研究分子结构和功能的理论与手段。那些真正涉及宏观生理意义的工作，最后都获得的是诺贝尔生理学或医学奖，而不是化学奖，获得化学奖的生物工作，都是在分子层面上理解生物过程的。因此与其说是生物学家越界抢了化学家的奖，倒不如说是化学学科的扩张，使得生物学的一部分已经变成了化学的研究领域。

随着分子科学发展的进步，上述的发展规律也并非是一成不变的，不同领域也在相互淘汰和不断演化。最近 10 年以来，诺贝尔化学奖出现了一些新的规律，反映出诺贝尔奖委员会和化学界对于化学的理解也在发生着变化。下面我们首先列出近 10 年诺贝尔化学奖的研究方向，再针对上面 7 个领域分别进行一些分析。

2013 年：多尺度计算化学（物理化学）

2014 年：超分辨荧光显微（分析化学）

2015 年：DNA 修复（生物化学）

2016 年：分子机器（超分子化学）

2017 年：冷冻电镜（分析化学/结构生物学）

2018 年：定向演化（化学生物学）

2019 年：锂离子电池（物理化学）

2020 年：基因编辑（生物化学）

2021 年：不对称有机催化（合成方法学）

2022 年：点击化学和生物正交化学（合成方法学/化学生物学）

上面的梳理体现出这样一些特征：

（1）最令人瞩目的变化就是，最近 10 年以来已经没有任何一个结构生物学家获得诺贝尔化学奖，相比于之前每三年就得奖一次的频率出现了大幅下降。唯一直接和结构生物学相关的是冷冻电镜方法的发明，而这项成果其实属于分析化学范畴。其他获得诺贝尔奖的生物化学工作也逐渐从天然状态下对生物大分子的修饰和改变（泛素导致蛋白降解/DNA 修复），转向了人工对生物大分子的修饰和改造（绿色荧光蛋白/基因编辑）。

（2）物理化学和分析化学的研究地位依然十分巩固，发奖的频率几乎没有变化。属于分析化学领域的冷冻电镜因为和结构生物学相关，因此多发一次。合成方法学在过去 10 年中看似被忽视，但最后两年连发两次，依然说明每 5—6 年发一次合成方法学的规律是稳健的。

（3）20 世纪 80 年代以来兴起的超分子化学和化学生物学得到更多关注。超分子化学领域自 1987 年首次获得诺贝尔化学奖以来，时隔近 30 年，再得一次诺贝尔化学奖，并且获奖者大多是上一次获奖者的学生辈人物，反映出了这个领域的传承。随着未来超分子领域规律的深入揭示，以及它与高分子化学和生物化学的互动，获奖频率或许还能进一步提高。化学生物学过去一直没有获得过诺贝尔奖，两次获得诺贝尔奖对这一领域是一个鼓励。但领域内值得获得诺贝尔奖的还有不少，将来诺贝尔奖委员会应该会加以考虑。

（4）无机化学和高分子化学由于频次较低，在过去10年中没有轮上诺贝尔奖。但这也说明，在未来10年中，它们还是很有可能获得诺贝尔奖的。

最近10年中的这种变化，到底反映了化学界对于化学的什么认识变化呢？应当说还是人们对于"化学"一词真实含义的深入思考。结构生物学过去之所以重要，是因为它揭示了重要的生物大分子的结构。但今天之所以不再重要，是因为了解这种结构已不再困难，我们更加关心的是如何人工合成、调控和操纵这些分子，以实现相应的功能。从这个意义上说，化学生物学和超分子化学更能体现这种味道，结构生物学在未来的淡出也就顺理成章了。毕竟化学本身从了解结构出发，最终还是要回到如何操纵和改造物质世界，以使得人类的意愿能够得到更好的实现。换句话说，过去10年的转变，主要体现出了化学界对于化学合成、改造和操纵分子功能的一面重新重视起来了。

如果基于这个视角，我们可将上面的7个领域分成以下几组：

（1）合成方法和化学反应精准调控的技术。这个领域传统上主要指的是有机小分子，因为在20世纪对于这一领域的精准调控已经取得了巨大进步。但在过去数十年以及未来，无机合成化学、高分子合成化学、生物大分子合成化学和超分子合成化学已经并且还将取得更多进展，这方面的研究是很值得获得诺贝尔化学奖的，它是化学的根本手段。这一组包括原有的合成方法学、生物化学和高分子化学领域，按照规律将占到未来诺贝尔奖的1/3—1/2。

（2）分析方法和理论思考。为配合上述合成方法和技术的进步，需要在实验手段和理论上都有所发展。能够揭示分子反应的深刻机理，以及适用于生物大分子、高分子和超分子的分析化学手段，应当是未来的重点。而超越分子尺度的化学理论如何构建，目前还在摸索当中，尚不知道有什么样具体实现的途径。这一组包括原有的分析化学和物理化学，综合起来将会占到未来诺贝尔奖的1/4—1/3。

（3）在生物、能源、材料等领域的应用拓展。随着上述合成化学、分析方法和理论思考的深入，应当也能开发出更多有价值的生物分子体系和材料，并取得广泛应用，例如锂离子电池这样的普惠性技术将会涌现出来。这组将包括化学生物学的一部分以及无机化学等领域，应当也会占到未来诺贝尔奖的1/4左右。

此外从诺贝尔奖委员会的考虑来看，他们还存在着一个倾向，即更加重视概念上的突破与创新，尤其是在分子体系和结构认知上的突破。如饱受争议的准晶（2011）和定向演化（2018），其实就研究方向和人数而言，都不是化学领域的主流或热门，诺贝尔奖委员会之所以青睐它们，可能主要关注到了它们在概念意义上的价值。准晶打破了人们对晶体结构的固有成见，定向演化则将生物界存在的自然进化和人工操纵结合到了一起，包括分子机器（2016），它们在精神气质上都与化学改造和操纵自然的根本目的是相匹配的。

由此，我们可对未来 10 年当中诺贝尔化学奖的发奖领域进行一个大致的估计和预测。我们在时间规律上，可能无法准确预测某一年是某一个化学家获得，但整个 10 年当中的分布应当会服从相应的规律。另一方面，限定在未来 10 年，是因为 10 年之后得奖的成果很有可能是在未来 10 年中做出的，现在无法准确知道是谁或者哪个领域。

（1）合成领域。有机合成方法学中的金属催化和碳氢活化是很有可能获得诺贝尔化学奖的，其代表人物如 John F. Hartwig 和 Stephen L. Buchwald 已经获得了 2019 年沃尔夫奖。有机全合成领域的 Kyriacos Costa Nicolaou 和 Samuel J. Danishefsky（他们的贡献之一是人工合成紫杉醇）也是很可能的人选。在高分子领域，原子转移自由基聚合反应（ATRP）的发明者 Krzysztof Matyjaszewski 与 Mitsuo Sawamoto 是呼声很高的得主。在生物大分子合成的领域，蛋白质合成化学也很有可能获得一次诺贝尔化学奖，这方面代表人物很多，例如 Stephen Kent 等。此外在无机合成领域，碳纳米管的代表人物饭岛澄男（Sumio Iijima）、金属有机框架复合物 MOF 的代表人物 O-mar Yaghi 都有可能获得诺贝尔化学奖。预计在未来 10 年当中，有机和高分子合成方法学会发 2—3 次奖，生物大分子与化学生物学会发 1—2 次奖，无机领域也会发 1—2 次奖。

（2）分析和理论领域。过去数十年当中，化学反应动态和瞬时的二维研究以及超快光谱研究是一个重要领域，尽管其代表人物较多，并且超快激光已经在 2018 年获得诺贝尔物理学奖，但这个领域还是有可能获得一次诺贝尔化学奖的。高分辨质谱由于与生物组学的密切关系，也可能获得诺贝尔奖委员会关注。此外，在无机化学研究领域中，电镜技术的进步，尤其是近年来球差电镜的发展，这个领域很有可能获得一次诺贝尔化学奖，这个领域代表人物也有四五个，包括德国的 Maximilian Haider、Knut Urban、Harald Rose，美国的 Ondrej L. Krivanek 等，或许要稍微晚点再发。此外，应用广泛的同步辐射技术，也有可能获得一次诺贝尔化学奖，当然它们获得诺贝尔物理学奖也是有可能的。在理论方面，由于近年来的广泛应用，计算化学应该有机会获得一次诺贝尔化学奖，但具体发给哪个领域可能还有争议，目前看来，从头算分子动力学的 Roberto Car 和 Michele Parrinello、d 带中心理论的 Jens Kehlet Nørskov 或许最有可能。除此之外，非平衡态热力学的 Christopher Jarzynski （证明同名不等式）和 Gavin E. Crooks （证明涨落定理）也有可能在普里高津之后半个世纪再得诺贝尔化学奖。预计在未来 10 年中，分析化学会发 1—2 次奖，而理论与计算化学会发 1 次奖。

（3）应用和材料领域。生物化学领域，以 DNA 甲基化等为研究对象的表观遗传学研究，有可能获得诺贝尔化学奖，这方面 C. David Allis 肯定是主要代表人物之一。提出和发展光遗传学领域的 Karl Deisseroth 和 Peter Hegemann 等人也有可能获得诺贝尔化学奖，当然他们获得诺贝尔生理学或诺贝尔医学奖也是情理之中的。将化学生物学方法应用到生物体系研究的 Peter Schultz 和 Stuart L. Schreiber 有可能代表化学生物学获得诺贝尔化学奖。材料领域可发奖的项目很多，关键看它们能否在未来继续产生更多的社会效益，例如纳米科学领域的 Google Whitesides、Luis Brus、Paul Alivisatos 等人，以及很多华人关注的有机发光二极管 OLED 的发明人邓青云、聚集诱导发光现象 AIE 的发现人唐本忠、纳米领域杨培东、柔性电子材料的鲍哲南等。预计在未来 10 年中，生物化学和化学生物学领域的应用会发 1—2 次奖，材料领域的应用也会发 1—2 次奖。

最后，如果诺贝尔奖委员会严格遵循时间规律的话，我们可以尝试排列出未来 10 年中不同领域诺贝尔化学奖的颁奖次序：

2023 年：生物化学/化学生物学

2024 年：无机化学/材料

2025 年：化学生物学/生物化学

2026 年：分析化学

2027 年：合成方法学

2028 年：物理化学/理论化学

2029 年：生物化学

2030 年：高分子化学/超分子化学

2031 年：材料化学/化学生物学

2032 年：合成方法学

从上面的预测也不难看出，华人科学家在其中的占比还是相对较小的，这也是自然的结果。过去数十年中，我们的化学研究虽然取得了长足发展，但大部分还是在跟跑阶段，原创性的工作并不产生在中国。要期待中国在未来获得诺贝尔化学奖，就需要提前布局未来 20 年到 50 年内化学发展的可能方向。

如果我们按照刚才总结的诺贝尔化学奖发奖规律的三大方面进行一些推演，那么在未来 20 年乃至更长的时间段内，合成化学、分析与理论化学和应用化学三个方面的进展，应当更多地围绕以下这些方面来展开：首先是超越传统有机小分子的高分子、生物大分子、超分子和无机复合材料的合成方法，继而是围绕上述这些超越分子水平的体系发展出来的分析方法和理论工具，最后是对这些合成所得到的材料的应用。我们还将看到，在未来，化学的分析和理论方法，将和物理学进行更紧密的交融；而它的应用和拓展方向，也将在生物学领域内得到更多的实现；但化学所固有的改造和操纵自然的属性也将在这一过程中逐渐得到认识并强化。归根到底，"理综"只是表象，"化学"才是本质。

（2022 年 10 月 13 日，原载"赛先生"公众号。本文发表之后，文中预测的纳米领域 Luis Brus 和 Paul Alivisatos 已经于 2023 年获得诺贝尔化学奖）

有了 ChatGPT，我们还要上写作课吗？

一句话回答：需要，并且可能还会更需要。

随着 ChatGPT 最近的爆火，人工智能工具代替人类劳动的话题再一次为大众所关注。而 ChatGPT 所体现出来的写作能力和沟通能力确实远超以往的智能写作机器人，ChatGPT 甚至还可以通过很多考试和测验，在教育与学习领域体现出强大的适应能力。ChatGPT 的表现自然会让人产生这样的疑问：在这种情况下，未来我们还需要写作课吗？

　　要分析这个问题，首先应该把它所涉及的含义阐释清楚。人们在谈论"我们还需要写作课吗"的时候，实际上背后有三个问题需要解答：未来我们还需要人类的写作吗？人类还需要接受写作的训练和教育吗？人类写作的训练和教育还需要人类来完成吗？这三个问题，彼此相关，但是答案并不完全一样。

　　未来还需要人类写作吗？

　　这个问题的答案当然首先取决于目前人工智能工具的发展水平。从 ChatGPT 目前的表现来看，它在起草事务性文书、礼仪用语、一般的调研文档、资料汇集等方面表现得非常出色，尤其是从质量和效率方面来综合考量，要胜过人类，已经比过去的新闻机器人有了很大提升。这方面的写作本来也属于机械性的资料整理，有一些格式和规范的要求，经过学习都可以轻松掌握。因此在这一领域，ChatGPT 替代人类的大部分工作内容是很有可能的。

　　当然，目前在创作和研究领域，ChatGPT 表现还不那么令人满意。创造性写作本身要求人类能对知识进行融会贯通和创新运用，这方面的规律就连人类自己都还没有完全研究清楚，ChatGPT 当前所给出的一些结果也并不优秀，很像是初学者模仿专家的口吻写出的文字。这与 AlphaGo 下出惊人的棋局定式、震惊人类棋手的创造力还有差距。很有可能受制于当前深度学习算法的限制，这方面的进展不会很快到来。

因此，一般而言，以 ChatGPT 为代表的人工智能工具将在将来替代人类进行那些重复而机械的写作工作，或者至少可以为人类提供很好的帮助。而另一方面，它们可以将人类解放出来，去进行更有创造性的写作，从而促进创造性写作的发展。事实上，在网络文学、新闻写作、外语翻译等领域，应用计算机工具已经是广为人知的事实，而 ChatGPT 参与创作的第一篇学术性论文已经上线了。在未来，将 ChatGPT 应用到艺术创作、学术研究等领域的辅助写作中，也应该是完全可能的。

即使将来人工智能可以发展到完全替代人类进行创造性写作，甚至可以完全超越人类，但这并不意味着这类写作不再需要人类进行。与工业替代手工业作品相似，人类作品依然有他独特的审美价值，可以长期存在。写作与工业制品还有不同的地方在于，写作这一过程本身也是一种思维训练和挑战，人类用自己的心智参与写作这一过程本身也值得不断回味。

时至今日，人工智能的发展取得了长足进步，将来必定会深刻地改变人类生活，但并非是具有颠覆意义的变革。早在 1948 年，维纳就在《人有人的用处（*The human use of human beings*）》中描述了由自动弈棋机发展而来的智能机器，为我们勾勒了它参与人类决策乃至于左右战争胜负的前景。ChatGPT 背后的算法思想和哲学基础，也来自 20 世纪五六十年代第一波人工智能先驱们的贡献。今天的人工智能依旧行进在 20 世纪信息技术革命的自然延长线上，真正的革命似乎仍然是地平线上的太阳。

未来人类还需要学习写作吗？

实际上，ChatGPT 代表的人工智能工具对于写作本身的冲击更大，而对写作教育反而影响不大，如果有，也只是对于教育本身的冲击。随着人工智能应用到写作领域，利用计算机辅助写作将成为大的趋势。而辅助写作就意味着人在其中还要发挥关键性的审核与把控的作用。如何能够判断出机器所写作的内容到底适合与否、准确与否、优雅与否，并且能够在机器的辅助下完成更高质量的写作，就需要人类本身具有写作的能力和知识。这些当然要通过学习写作来完成。

　　同时，对于那些不愿意放弃人类写作的作者来说，要想与人工智能相抗衡，并创造出人类独有的写作风格或模式，就需要更加深刻地理解人类本身写作的规律和独特性，以发掘其中的价值和意义。这个过程恰恰也是在写作教育中不断完成的。当然，这里的写作教育既可以是发生在教学机构的正规教育，也可以是通过其他方式进行的教育，甚至包括自我教育。如何在写作教育过程当中区分清楚机械性的劳动和创造性劳动，并且找到培养这种分辨能力的方式，将是未来写作教育的重点。

　　即使人工智能工具已经能够完全替代并超越人类的创造性写作，那么人类自己学习写作依然具有不可替代的意义。归根到底，人是需要与人交流的。机器取代了人的能力，不意味着人自身的能力没有意义，体悟和学习能力在这个时代反而变得更重要。它让我们找到自己的心智和能力的边界，从而将外向的过程转化为内向的修炼。

　　归根到底，人类学习写作是对自己思维和实践能力的一种锻炼。这种思维和实践能力当然有实用价值，并且能最终转化成劳动力和劳动价值。但同时它也有非实用的价值和意义。在劳动价值日益被消解的未来，非实用价值将更加凸显。学习写作不再变成一个谋生的手段，而是变成人类探究自己、提升自己、挑战自己的阶梯。

未来还需要人类教写作吗？

如果前两个答案都是肯定的，那实际上已经回答了未来我们是否还需要上写作课这个问题，那就是人类不仅需要学习写作，而且甚至比以前更需要学习优质的写作。随之而来的第三个问题：我们一定要向人类学习写作吗？我们不能向机器学习吗？

当然这个问题成立的前提是机器已经展现出了比人类强大得多的写作能力。而目前显然还没有走到这一步。事实上，人工智能对于整个教育行业的冲击都还没有到达这一步。像围棋领域这种人们需要学习人工智能创造的棋谱的案例，目前并不多见。近期教育界更多关注的是如何运用人工智能技术更好的赋能当前的教育环节，为人类教师提供辅助。

具体到写作教育而言，其中确实有很多机械重复训练的内容以及简单反馈和讨论的细节，在未来应该可以被机器所替代。事实上，语法校对、格式排版等处早已在应用机器辅助写作了，只不过这些工具的智能化程度还没有那么高。ChatGPT 所代表的人工智能工具将从起草提纲到润色修改的全环节帮助人类做好自我评估和调整，这些工作在未来都应该会逐渐由机器来承担。

真正需要思考的是教育中需要人的那些环节，开始是方法和能力上的口传心授，随着这部分教育技术的不断智能化，后续还需要情感和意志的支撑。以人工智能为代表的机器参与教育确实能够使人获得技术上的实际提升，但是对于人之为人的核心问题，却很难给出确切的回答。当写作能力的训练变成了人对自己本质追问的一部分时，机器辅助的教育就无能为力了。这时候只有人类教师才有可能从同类的角度为学生提供指导，从而完成代际传承。

这里的问题已经不仅是写作教育的问题，而是教育本身在未来的智能世界当中还有人类参与的何种空间。作为一个独立的物种，"人之以何为人"将是人类在未来能力被机器全面超越之后，反复追问自身的核心问题。而这个问题是很难有机器给出一个答案的，因为它涉及人类价值观的构建与选择，而后者乃是整个文明中同类成员趋同的结果。

有了轮船，人类使用游泳这一技能的机会少了。但是，游泳本身并没消失，且将继续作为体育锻炼和艺术活动而存在，游泳教育反而更加重要，即使作为碳基生物的我们在肉体上已经无法胜过钢铁机器。人类将来面临的问题，不是鱼儿怎么游过海，而是海里怎么才能有鱼。这个问题的回答，只能靠人类自己的心智与灵魂。

（2023 年 2 月 18 日）

丁部　大学与教育

大学与想象力

在《教育的目的》第 7 章"大学及其功能"中，怀特海探讨了现代大学应该具有的功能，以及应该按照什么原则去组织现代大学。今天重温这篇文字，依然能够感受到他的深刻洞见和对解决当下高等教育面临问题的启发。

在简单回顾了大学的历史进程之后，怀特海首先指出，大学既不是简单开展教育的机构，也不是简单开展研究的机构，而是"把青年人和老年人团结在一起，充满想象的思考学术问题，把知识和生活热情联系起来"的地方。在这里，他尤其强调了"想象力"在大学传授知识和进行研究过程中的重要作用和意义，只有通过富有想象力的方式去传递知识，才能培养出文明社会中的开拓者，并且影响时代的物质和文化进程。

在这里，怀特海敏锐地把握住了知识传承和能力培养之间的鸿沟，他写道："愚人凭想象力做事，但没有知识；书呆子凭知识做事，而没有想象力，而大学的职责就在于把想象力和经验完美地结合起来。"清华大学近年来贯彻的"三位一体"教育理念正是强调了知识传授和能力培养之间的融合，而这二者融合的关键就在于"想象力"。过去人们对中国高等教育的普遍认知是，知识基础很牢固，但学生的创新思维和灵活运用能力不足，缺乏想象力。由于局限于书本知识的传承，不仅学生缺少将理论运用起来的能力，就连教授这些知识的教师本人，也很可能随着远离研究而失去了这种能力。

不仅如此，在大学这一教育机构形成之后，还有一种新的阻碍因素，阻止了人们将想象力和实践知识结合起来。怀特海指出，对于初次投身高等教育工作的教师和年轻人而言，如果他们只能从事一些持续时间长而缺乏创新性的常规工作，就会不断钝化他们的想象力。这样就会导致本来在他们后期的职业生涯中所更需要的素养，却在早期职业生涯中就被扑灭了。在今天高等教育组织结构越发专业化、科层化的今天，这一矛盾更加突出。青年教师大多在完成教学与研究任务的规定动作和为了达到获取终身教职门槛的工作中疲于奔命，不得不将自己有限的时间投入在那些能够快速产生结果的工作上。这种发展方式的直接结果就是让他们在可见的 5—10 年之内，无法自由地发挥自己的想象力进行探索和研究。这对一个人职业生涯的影响很可能是致命的，因为这 5—10 年正是他们一生中最具有创造性活力的时刻。

怀特海用诗意的语言描述道，想象力是一种传染病，它与知识的结合需要闲暇时间，并且是不能通过署名文章和计件工作来评价的。要想做到对想象力的培养，需要大学营造一种氛围，这种氛围使得教师和学生之间能够密切地交流和沟通，教师之间也能够在空闲时间的允许之下进行自由的探索。同时高等教育机构也应当思考，采用什么样的程序性措施来保证上面这种自由氛围的实现，比如适当淡化量化指标、量化考核在人才引进和晋升过程中的地位；通过多维度多层次的人才建设方案来培养引进的年轻教师，而不是让他们互相竞争，甚至彼此淘汰。2020 年以来，清华大学书院改革当中所贯彻的"从游"理念以及与之相关的师生交流制度，就与怀特海所谈到想象力的培养非常契合。

今天如果我们回顾大学发展的历程就不难发现，大学的发展模式归根到底还是受到当时以及将来的知识传播和创新模式的约束。而当代知识传播与创新模式正在发生着深刻的变革。以信息技术和即将到来的人工智能技术为代表的信息革命正在彻底改变传统的知识传播方式，学校不再如过去一样拥有知识界的垄断地位，在学校中，教师也不像过去那样拥有知识上的权威地位。对于本就强调自主学习的高等教育阶段而言，这种变化无疑意味着旧有的代际信息传播的方式将会发生新的变化，学生和老师在知识共同体中的地位结构将不再森严相隔，而是呈现多元互动的态势。

在知识创新领域，情况又为之一变。洪堡所确立的现代大学学术研究的典范，为学术职位的专门化和职业化铺平道路，也促成二百年来学术界的繁荣发展。然而，高度分工的学术体制使得创新日渐成为局部领域的"老尺加一"，这在本世纪以来的科技创新中表现得尤为显著。能够带来范式革命的真正原始创新已经日渐稀少，这在西方与中国皆是如此，而这种稀缺就导致了学术共同体内部过去的方向与路线之争转变成了如今的话语权之争。专门化、分科制、目标导向的学术研究机制在当代培养的更多是工程技术人才，即使是基础研究领域，也是这一领域的匠才。这并不仅仅是中国大学发展面临的困难，而是整个现代大学制度所面临的困难。

　　大学之道，首在于人。大学中最重要的人自然是教师和学生这一组关系。在传统大学结构当中，教师和学生的地位是处在知识链条的两端，教师扮演着知识的分发者和产生者的角色，学生扮演着知识的接受者和传播者的角色。而伴随着前文所述的种种变化，师生关系正在转向一个多元互动的格局。表面上看，它打破了过去那种单向传授的知识流动模式，实际上它是更加接近于古典理想中的"弟子不必不如师，师不必贤于弟子"的师道传统。知识创新的格局也会随之发生变化，顶尖师资的重要意义不仅仅在于他们是知识创新的唯一来源，还在于如何能够辅助和协调年轻而有活力的头脑创造更多崭新的知识。在这样的历史进程中，重温怀特海关于大学和其"想象力"的论述，对于我们今天探索新的高等教育模式也具有重要的启发意义。

（2022 年 8 月 23 日，原载微信公众号"清华大学本科教学"）

哈钦斯的通识教育注定是失败的

       熟悉美国通识教育发展历程的人都会清楚，哈钦斯这位芝加哥大学有史以来最年轻的校长在芝加哥推行的通识教育课程方案，最终是失败的。甚至哈钦斯本人都这么认为：威廉·H. 麦克尼尔在《哈钦斯的大学》一书中曾引述哈钦斯在去世前不久说的话："我的整个人生都是失败的。"不客气地说，任何想要引用甚或是模仿哈钦斯式通识教育理念的尝试，都要首先回答这样一个问题：

如何面对他们必然的失败。

哈钦斯所主张的通识教育模式已经为学界介绍有年，其超乎寻常的四年通贯学制、强调经典阅读、几乎彻底拒绝专业和职业导向的特征也是人所共知的。哈钦斯本人在他的教育计划最重要的遗产《西方世界的伟大著作》丛书第一卷序言中的一段话，或可概括其主要取向：

> 本丛书的编者并不相信，任何过去五十年中或者目前视线可及范围内的社会与政治变化，已经或者可以证否传统，或者使得传统与现代人毫无关联。相反，他们确信，西方当前需要重塑、重新强调传统，并且依靠它最伟大的思想家们的著作以及围绕它们绵延至今的讨论累积而成的智慧来处理当前的问题。

论者早已指出，哈钦斯的这一主张与他的长老会信仰不无关联，也与施特劳斯学派的文化保守主义关联密切。如果进一步深究下去，它与人类寻求终极意义统一解答的历史冲动是息息相关的。因此从这个意义上说，哈钦斯式的通识教育能够给受教育者和教育者都带来崇高感、使命感，进而带来道德优越感。而一旦宏大体系演变至此，就难免不会异化成另外一种精英的挽歌。

而在现实操作层面上，这种教育体系内部蕴含的矛盾是，它既然不以产生社会价值和解决现实问题为主要目的，便一定会对功利主义、实用主义和现实生活中的庸常俗务提出诸多批判。然而这种教育体系本身又需要大量的社会资本、人力资本投入，方可维持这样一个"乌托邦"，那么随之而来的必然结局只能是这种主义的开花结果，诞生于它所批判的事物之上。市场、政府、民众这些来自世俗的力量，之所以供养他们，难道是为了聆听他们在象牙塔中批判世俗的声音和由此产生的优越自负吗？如果真的如此，那么哈钦斯的失败也就不难理解了。

问题不在于供养，而在于自负。通识教育的核心目的到底是什么？"通"的目的在于养成"通人"，而非进入圣殿腾云驾雾，或是在神庙两侧吃冷猪肉的人。它应当唤醒的并不是人自命为精英的意识，而是人自居为精英的使命和责任。要想实现后者，就不仅仅是对个人思想进行所谓的砥砺和修炼，而要以开眼看世界、看社会、看人生的方式认知、理解精神与物质世界的关联，进而产生同理心和责任感。由此诞生的精英方才是具有真正社会责任和历史价值的精英分子。

在这个意义上，才能重新认识哈钦斯推崇古代经典的意义。人类文明积累的伟大思想，并非是一个彼此融洽、合作无间的整体，相反，它是一个充满着矛盾、斗争、辩论、批判的历程。正是在这样的复杂历程中形成的各种思想及其具体实践，构成了人类文明继续向前发展的不竭动力。的确，传统并不直接给我们提供现成的答案，但是在走近传统的过程中，我们解决了现成的问题，有了更好的借鉴。

不可否认，追求崇高、追求统一、追求纯粹的冲动，是人类文明演化出众多思想的动机，但是如果把它简化成世界的本相，就是另外一种封闭的危险。《周易·乾》卦辞说，"用九，见群龙无首，吉"，"用"即是"通"。"群龙无首"，正是参差多态的世界本相。理解并接受这种参差多态，才能够真正完成"通"的目的，在个人意义上，能够走出狭隘，获得宽容和宁静；在社会意义上，能够通过同理心真正走进世俗，并找到通往理想之世的实际可行的道路。

哈钦斯的教育理想最终必定是失败的，与他相似的其他教育理想也注定是失败的，但正是在这样的一次又一次的失败当中，孕育出那些愿意去追求超越价值的人。他们在不同时代所进行的不同探索以及由此诞生的不同思想，在将来会融贯到人类的教育进程当中去。认清这个失败的结果，或许就是这种通识教育模式最大的成功。

（2021 年 2 月 8 日）

书写的力量

过去的一周，我参加了几场新生的读书分享和演讲活动，围绕着今年的校长赠书《万古江河》展开。新生们提出了很多有趣的问题，其中一个问题是：历史发展的趋势到底是什么，或者说到底有没有历史发展的趋势？

要回答这个问题并不简单，可以说绝大多数历史及其相关著作都在阐述着某种历史发展的趋势或规律性认知。我们研究过去的目的也常常被表述为"以史为鉴，面向未来",这话里就蕴含着历史发展是有某种规律的含义。至于具体是什么规律,倒是公说公有理、婆说婆有理,各执一端了。

有关中国历史规律的一个早期方案是战国邹衍给出的"五德终始"说,《吕氏春秋·应同》存其说,以五行更替推测王朝兴亡。例如为了说明周朝是火德,便用文王"见火赤乌衔丹书集于周社"做证据。但问题是,当时还有其他重要祥瑞,例如武王渡孟津,有白鱼跃入舟中,这可不可以是水德?又如伐纣之日是甲子日,属木;"东面迎岁"(《淮南子》),木星在正东升起,可不可以是木德?这样看来,五德说便不太靠得住。

事实上,我们习以为常的所有历史规律都是通过某种书写完成的。只不过在他们的书写过程当中,有的比较高明,有的存在瑕疵。我们认同或者反对某一个历史规律,也并不是因为我们真的了解历史规律本身,我们只是在对其书写方式进行探讨和评判。从这个角度思考,历史规律可以说是由书写本身决定的。

推而广之,不仅仅是历史规律,在人类知识体系当中所探求的一切客观规律,都需要被恰当地书写才能够成其为规律,反之则不然。在门捷列夫发现元素周期律之前，元素性质的周期现象和相似问题早就引起了学者的关注，但他们使用的"三元素组""八音律"等方式，都不能完成对这一规律的有效叙述，因此也就谈不上发现了元素周期律。类似的，爱因斯坦曾经说过，洛伦兹和朗之万离狭义相对论只有一步之遥了，但这关键的一步就在于对概念和方法的革新，而只有爱因斯坦做到了这一点。

　　所以书写的力量远比我们想象的要强大得多。如何认识书写本身的力量，并进而掌控这种力量，是一个发人深省的问题。

（2019 年 9 月 8 日）

基础课一定要学术大师来上吗

　　一直以来有种观点，"最好的大学基础课一定要让学术大师来上"，甚至还有人找到了钱伟长对这个问题的看法，来证明此观点的正确性。钱伟长确实说过类似的话，希望有大师来开大学基础课。但是，真的一定要学术大师才能把基础课上好吗？

　　首先让我们来审视一下这个问题的充分性。人们常常列举朗道和费曼这样的人物，来说明大师开基础课是非常重要的。但事实上在所有学术大师中，开基础课的只不过是凤毛麟角。与他们同时代的绝大多数同等量级的物理学家都不怎么"会"上课。跳出物理学家这个圈子之外，各学科学术大师上课糊弄的案例比比皆是，其中有些甚至还成为"美谈"，这从人们所熟知的西南联大教授群像中就可见一斑。很难想象那样的课堂能够被称为一个好课堂，充其量只能说对于有些人有启发作用。

并且，这里还没有考虑到投身教学对于人的精力和时间耗费极大。费曼在回忆自己的教学历程时曾说，为了上好三个学期的普通物理课，他大约有两三年的时间，将全部精力都投入在这件事情上。钱穆在日记中回忆西南联大时的吴宓，每天晚上都要这样讲课，提纲从头到尾过一遍，并早起大声朗读。即便如此，也很难想象吴宓的课堂。在现代学术研究分工日益明确的情况下，从事科研工作、有大量任务的学术大师们是否还有足够的精力来从事基础课教学，也是一个很大的问题。

由此可见，即使有学术大师来教，基础课也未必能上好。这个问题的充分性本来就不大成立。那么是不是只有学术大师才能上好基础课呢？从必要性的角度考察，恐怕也不是这么一回事。学术大师们也有他们各自治学不同的类型。戴森把物理学家分成飞鸟和青蛙，前者的视野开阔，能够指导别人，而后者则以自己的辛苦努力见长。这与伯林将学者分为刺猬和狐狸有异曲同工之妙。显然飞鸟和狐狸可能更适合进行教学工作，而青蛙与刺猬则可能未必。能列举出来的大部分善于教学的大师们都可划分为飞鸟和刺猬两种类型。可见本来就不是所有的学术大师都有适合上课的本钱，又何谈必要性呢？

事实上绝大多数一流的学者都没有教出一流的学者来，充其量只是教出了一些一流的学生。牛顿、爱因斯坦、达尔文、门捷列夫，他们中没有一个的学生超过了自己的水平。而反过来，这些一流的甚至超一流的学者，他们当年所师从的一定不是一流学者，有的可能只是非常普通的学者。这又从另一个方面说明，教学工作本来就没有必要要求教师一定比学生的水平强。如果真是这样，那反倒进入了名师出不了高徒的怪圈。

教学有他自己的规律，不能够草率从事。可以这么说，教学本身是人与人之间交互和沟通的一个过程。这个过程所需要的是一些专业的技能和方法，而这些并不是在学术研究中直接就能获得的。我们想象的那种大师型人物可能都是顶尖的人才，他们具有极强的综合素质，是像孔子这样的圣人。但是事实上在现实中，我们能找到的学术大师往往都是学术领域做到顶尖的牛人，但并不能谈得上是综合发展的天才。如果强行让他们去做教学工作，不但违背了他们的个人发展的天性和能力，实际上最后也得不偿失。

不过请注意，这里并不是说教学和研究要分开，而是一个高校与教师投入成本的问题。事实上二者的结合也是重要的，但这种结合也不一定要大师来完成。在研究方面并未达到大师级、但具有一定专业知识素养和学术能力的学者，同样有可能在教学领域做得很好，并且能够将学术和教学有机结合起来。那种把二者完全对立的想法，其实还是隐隐有对于教学工作的一种蔑视。应该说，教学与学术同样发源于知识之泉，却流向不同的方向，各自具有自己的发展规律。在教学中融入学术教育，并不一定需要师者本身有多高的学术成就，反倒更加依赖于他的学术视野和教学能力。

其实正如学术工作一样，教学工作也应当由最合适的人做最合适的事。我们有耐心、有能力去培养一个乃至数十个、数百个学术新秀，其实也值得花相应的代价去发现和养成教学方面的人才。对于大学的未来发展而言，这无疑也是非常重要的。

（2022 年 5 月 4 日）

为什么要给课程一个分数

　　伴随着期末季的到来，是把分数记在成绩单上，还是选择记 p/f，也成了老师和学生之间一道难以选择的博弈。每年都会有同学一方面纠结于之前付出的努力和沉没成本，另一方面又担心最后的成绩没办法让自己在将来的竞争中取得优势。老师们也在思考，到底应当去顺从学生的发展需求，给他们个性化的评分，还是应当一视同仁，维持程序公平呢？

其实对分数的纠结并不是今天才有。李政道先生在回忆自己大学时候上物理课时曾说：

更令人感动的是，叶先生的侄子叶铭汉院士在整理叶先生遗物时，竟然发现了他保存完好的一份试卷。那是我 1945 年在西南联大的电磁学考卷，老师正是叶先生，那时是他在教我们电磁学。我上他的课后不久，他得知我在阅读较深的电磁学书籍，就跟我讲，你不必上我的课，期终参加考试就可以了，但是，实验你一定要做，实验是很重要的。这说明叶先生一贯重视理论和实验，他这种思想给我的教育很深。

在后来的研究工作中，我虽然一直搞理论研究，但是我也十分重视实验，就是受到叶先生这一思想的影响。在这份试卷上，我的理论部分得了 58 分，满分是 60 分；实验部得了 25 分，满分是 40 分。实验得分少是因为我在做实验的时候，不小心把珍贵的电流计的悬丝弄断了，当时管实验的老师很心痛，所以给的分数较低，仅仅及格。这件事情还说明，叶先生对于学生是多么关爱，一份普通试卷，竟然保存了几十年！①

　　叶企孙对待李政道成绩的态度可谓严谨，即使他后来一直尽力推荐和提携李政道，也没有因为将来的看重而牺牲面前的程序正义。这张试卷如今陈列在清华大学校史馆中，被作为清华学风严谨的正面教材之一。

　　然而，与之相反的案例也并不缺乏。另一位同时代的大学霸何炳棣先生也是一位对分数锱铢必较的学长，曾经因为大一英语考试比姚依林少了一分而记了一辈子。当他回忆起自己参加留美考试的经历时，提到过下面这样一段故事：

　　　1944 年初夏，某日我上午去地坛历史系办公室翻选西文书籍，照例要先穿过联大新校舍大院。将进校门不远，听见后边有人叫"何先生"。我回头一看是郑天挺先生。郑先生马上就说清华留美考试的结果一两天内就要公布了，现在讲话已经没有嫌疑了。"明清史那门题目是我出的。"他说有一件事藏

────────────

① 李政道在叶企孙先生诞辰 110 周年纪念大会上的发言，2008 年 10 月 11 日。

180 | 写在学术边上

在他心中已经很久：有一份答卷对较容易的题目如同、光之际满人主张维新的是哪些人之类的，答得不好；而对两个重要的题目，如明太祖开国规模和雍正一朝多方面的改革与建树答得不但很好，而且对摊丁入地颇有创见。他问我这答卷是不是我的。我想了一下，回答说很像是我的。

他半笑着问我："你自己打多少分？"我当然谦虚一点地回答，只能打四五十分，因为三个史实性的问题都答得不好，而且同、光之际满人主张维新者只能答出恭亲王奕䜣一人。他说我得了 74 分，是最高的。听了这话我内心才千肯万定，我今番考取了！我极力维持表面的镇静，故意和郑先生开个小玩笑说："那么您一定不是按每题 20 分客观原则打分的。"郑先生提高声音回答："那当然喽！留美考试是国家抡材大典，如果按照呆板式的打分，那不就变成了三点水的沦材大典了吗？！"①

郑天挺先生是以严谨闻名的，他常年主持北京大学

① 何炳棣：《读史阅世六十年》，中华书局 2012 年版，第 162—163 页。

的教务工作，对于民国北大教育的实际运行立下了汗马功劳，他在北大的地位就像陈岱孙在彼时清华的地位一样重要。这样一位严谨细致的名师，却专门愿意为了何先生法外开恩，不禁令人啧啧称奇。这其中固然有郑天挺曾多次参与何炳棣与一班同学组织的读书讨论活动而对他印象颇深的背景原因，但仅仅归咎于个人好恶或清北差异，似乎仍然未中肯綮。更重要的是，这一事实又如何与叶企孙的严谨并列为美谈呢？

从规范化考试和教育公平的视角来看，郑天挺的做法无疑是错误的。既然为留美考试设计了这样的考题，那么此考题就一定有它的相应考察对象和要求。如果只是因为个别题目答得好，而因此补偿了其他答得糟糕的题目分数，不仅是对其他努力付出的同学不够尊重，进而有可能失掉了一些潜在的人才，同时也是对出题人郑天挺本人思路的违背。他自己给出的"抢才"与"沦才"的差别解释，并不充分。事实上，当年同时参加留美考试的人才济济，又怎么会选不出优秀人才来呢？

叶企孙的故事则甚至还有更严厉的版本。有的说法称，李政道的理论部分本来得了 60 分，叶企孙为了提醒他重视实验，因此额外扣掉两分。更有以讹传讹的版本说，李政道一共得了 100 分，叶企孙为了敲打他，刻意扣到 83 分。事实上，这张试卷现存清华大学校史馆，明确显示李政道的理论分并没有得满分，确实因为错误扣掉了两分（当然，能够只扣两分也已经是很不容易了）。其实，叶企孙要是真的因为这些考虑故意给李政道扣分，那反而失去了程序公平本来的意义。

但是，如果更深一层次考虑这个问题的话，标准化考试和教育公平的目的又是什么呢？

显然，叶企孙的电磁学课程考试与郑天挺的留美人才选拔考试是两种性质完全不一样的考试。前者的分数实际上并不会产生什么真正的影响，主要作用就是给教师和学生一个评估学习效果的标尺。而后者的分数则直接影响到了一个人一生发展的命运，也影响到了这个学科将来前进的方向。如果概括点说，前者是一个过程性的检验，而后者则是一个选拔的门槛。

如果想到这一层，那么郑天挺手中宽严的标准似乎就可以获得另一层次的理解：选拔人才的目的要高过维持教育公平性的优先级。如果已经确定了某个人才能够满足要求的话，那么我们就应当努力运用手中的资源和手段，帮助他在这些选拔考试当中取得优秀的成绩，以完成程序性的功能。这时候如果不加以帮助，反而有可能导致他因为程序问题被卡住，这会阻碍这个人才自身的成长。这时候就不宜等待或期望参加考试的人中冒出一个合适人选来，因为那样的概率肯定不及眼前已经考察成熟的这个人更高。如果这么想的话，那么郑天挺此前和何炳棣的交往，事实上就是某种程度的面试。

再看叶企孙的案例，则更加能够理解这一点。他虽然在课程考试上对李政道严格要求，但是在关键的留美推荐人选上，他却大力推荐了李政道，最终成为帮助李政道获得留美资格的重要推手之一。可见这个 83 分并不是叶企孙对李政道评价降低的标志，而恰恰是他重视李政道的体现，从他把这张试卷一直保留到身后，也可看出这一点。

然而今天，课程分数的意义已和叶企孙时代完全不同了。本科生的课程成绩会大大影响他们将来能够申请到的学校质量，并且也会对他们在本科期间的评价和评优产生很大影响。这一制度的存在本身是否合理姑且不论，但这个事实不得不令教师注意。如果教师有理由相信有些学生是优秀的学生，并且值得拥有资源倾斜，那么在程序允许的范围内对这些学生进行灵活赋分并不是一个最坏的选择。否则，教师的铁面无私可能会事实上导致这些学生无法脱颖而出，而另一些更愿意适应规则的"精致利己者"反而会占据优势。尽管教师本人可能未必赞同一个课程分数就应当影响学生的命运，但这一事实并不会因为教师不赞同而得到显著的改变，这种不赞同可能会影响教师所应当支持的那些学生的命运。

经过上面的讨论，似乎要得出的结论是，在给分时要能够灵活处理不同学生的实际状况。然而这世上有很多事，都是阎王干得，小鬼干不得的。叶企孙和郑天挺能够打破规则，是因为他们相信自己的判断力，同时代的其他师生也都信任他们的判断力，更关键的是这种判断力最后为历史所检验是正确的。今天的普通教师能够有这种自信吗？恐怕是做不到的。既然如此，我们又用什么来说服自己和别人一定要法外开恩呢？

况且从另一个角度说，如果一个学生在成长的阶段中经受到了这样的挫折，其实也未必是坏事。规则意识也应当是在考试和给分的过程当中潜移默化地传达给学生的。将来走向社会的学生总还是需要有尊重规则、尊重契约、尊重底线的基本素养，不能够时时处处都依靠别人给他开绿灯来进行自己的人生。考试和分数带来的这种教育功能也不要轻易忽视掉。

说了半天，我们似乎又要回到了要严格给分的老路上。不过现在，可能我们的视角会更加丰富和深刻一点。如果我们对自己的判断有信心，同时又对学生的状况有充分了解的话，那么灵活一点给分，不失为一个有助于人才成长的策略。而如果我们的判断也未必很准确，这时候按照规则至少不失为一个可行的选择。

真正关键的问题是教师到底有没有问清楚自己在给分的过程当中做的是什么事情。教师不要被分数和考试制度异化，把自己变成一个 doorkeeper，被捆绑到了制度的刚性规则当中去，否则就会迷失掉做教育的本心。物理学界最有名的考试之一是朗道的"理论物理最低标准"考试，通过者寥寥无几，被誉为物理学界最难的考试，又称"朗道势垒"（因为其很难通过）。这个考试由朗道自己亲自出题和主持考查每一位学生，为每位学生单独制作试卷和考试。我国唯一有幸在 20 世纪 60 年代参加过这一考试的郝柏林院士回忆道：

考试时间定在 11 月 11 日上午，在物理问题研究所理论室朗道自己的房间里。他让我坐在办公桌前，拿一张白纸写了个不定积分，就到走廊中去同别人谈话。过一会儿，他进来从后面看了一下，看到已经走上正路，就说够了，够了，又写了另一个问题。记得有一道题是要简化一个比较复杂的矢量分析表达式。由于我的数学知识基本上源于自学，解题实践不足，于是采取了最有把握的办法，把矢量关系全部用单位对称和反对称张量写出来，再按爱因斯坦规则缩并指标。朗道看到以后，大笑了几声，告诉我怎样走捷径。

我事先从苏联同学处听说，同朗道考试，要看谁先说再见。如果一道题做不上来，你就得说再见，以后还有机会再试一两次。如果朗道主动说再见，那就是个好征兆。我做了五道题后，朗道拿出三张打字纸，并且说："矢量运算您稍慢一些，不过会习惯的，再见。"那三张纸上印着接受其他各门考试的人名和他们的电话。①

以严格要求著称的朗道考试却是用这样人性化的方

① 郝柏林：《朗道百年》，《物理》2008 年第 9 期。

式展开的，甚至可以不把题目算完就得到相应的成绩。这也确实反映了朗道作为一个高明的科学家和教育家不凡的见解，同时也更加深刻地揭示了考试、分数和教育之间的关联：归其根本，考试只是手段，而教育才是目的。分数只是我们在走向教育过程中的一个副产品而已，在它能够帮助我们做好教育的时候就抓住这个工具，而如果它有阻碍教育的可能，就要谨慎对待了。

清朝赵藩曾在武侯祠留下一副著名的攻心联："能攻心则反侧自消，从古知兵非好战；不审势即宽严皆误，后来治蜀要深思。"其中道理和考试有异曲同工之妙。稍改一下来做本文的结语吧：

能攻心则反侧自消，从古给分非好挂；

不审势即宽严皆误，后来考试要深思。

（2022 年 6 月 10 日）

回归教育的初心

2020 年 2 月，我和写作中心的所有老师，以及全国绝大多数学校老师一样，经历了一个从线下教学转身线上教学的历程。翻翻微信聊天记录发现，中心老师早在整整一个月之前，就已经在思考可能采取的远程教学模式了。开学前的两个礼拜，我们经历了一个集体研发线上教学的过程，和大多数课程一样，开发的雨课堂+在线会议软件的基本教学模式，但同时也做了一些其他方面的拓展，例如我们提出利用雨课堂大班开展的写作云工坊。我自己还在尝试利用微信群的文字聊天开展线上读书会。

这些实践方式的技术细节，大部分都已经在写作中心的推送当中有所呈现。这里想写的，是从这两个星期的线上教学实践中思考得到的七组关系。

一、 大与小

写作课草创之初，便以小班教学为主要的教学模式。这种模式既来自国外大学写作课建设的经验，也与国内小班教学的实际情况有着密切的关系。大家一般都认为像写作这样的以培养能力为主的课程，一定要通过小班教学才能够使得老师和学生进行充分的沟通，学生也能够得到一对一的指导，从而获得真正的能力提升。因此我们确定了 18 人的教学规模。即便是 18 人，也是普林斯顿大学写作课 9 到 12 人规模的近乎两倍。在这种情形下，试图完成充分的师生互动和小班交流，的确对教师构成了很大的挑战。

但本学期的线上教学，我们意外地开辟了写作云工坊这样一个大班教学的窗口。目前选课人数已经超过了本学期写作课本身的额定人数，而本周听课的人次又超过了选课的人数。说实话这种情况我是始料未及的。本来我们对大班课程的印象是，内容可能较为浮泛，师生互动较少，课堂参与的积极性不高。不过云工坊一周的实践下来，我们采用的以主播模式为驱动的朋辈交流收效甚好，弹幕、投稿和讨论区也有相当数量的互动。

当然这并不是说目前大班教学已经取得了多么瞩目的成效。如果仔细观察教学的数据，会发现听课人数确实是逐日递减的，学生自主提出问题的数量还离我们的设想有一定差距。但是大班教学也有一些它不可替代的优点。这就是不同专业、不同主题、不同背景学生之间的相互激发与砥砺，以及我们引入的朋辈交流，为学生提供了来自身边的可参照的成长路径。

写作课到底能不能搞大班教学？这个问题我们曾经提出过多次。最早提到的时候是为了解决当前教师队伍只有25个人，却要对3800个本科学生完成课程全面覆盖的情况。实际上在教学实践当中，我们已经采用了以大班教学模式开展导论课的教学。曾经在设想当中，我们为不同层次的学生开设不同班级容量的课堂，以及探讨利用现代技术方式扩大课堂容量。这些在今天看来并非是完全不可能的。

提到写作课就等于小班教学，这未免过于依赖教学形式本身了。大与小并不是原则问题。小班教学的一对一指导和师生单独互动，固然是一种培养学生写作能力的方法，但是不是就是唯一的方法呢？可不可能在减轻教师单人负担的前提下拓展出新的教学模式呢？这个问题有待实践进一步来回答，至少混合小班和大班教学的模式值得思考与探索。

二、 术与道

线上教学让很多传统课堂的老师第一次认识了雨课堂，也第一次引入了各种各样的会议软件。不过写作课与雨课堂之间的合作源来有自。去年我们就试图通过在线主观题协作的形式，来减轻教师批改和面批学生作文的负担。我们之前也曾提到，引入现代信息技术手段将有助于缓解师生比不足的压力。现在看来与技术可合作的空间还是很大的。

如何正确对待技术和教学内容之间的关系，是一个常常被人们提到的话题。在我们探索和实践写作课教学的过程当中，我们也不可避免地遇到这个问题。当然我们在寒假的集体备课当中开发出了多种可能采用的线上教学模式，并且将它们及时地与教师们共享。但这并不意味着我们将技术视为教学最重要的砝码。归根到底，技术还是要服务于教学内容。我们采用这些新的信息教学技术，不要简单地看它们是不是形式上足够炫酷，内容上足够丰富，而要看它到底能不能从实质上达到我们的教学目的。

就写作课本身而言，如果希望能够复制线下教学的写作课小班课堂，那么通过雨课堂与会议软件的协调嵌套就是必须的。但是是不是一定要在线上教学中复制那种线下教学的效果呢？我想这也是完全不可能的。毕竟线下教学那种师生互动，眼神、手势、情态的交流，是任何一种会议软件都无法提供的。与其挖空心思削足适履，还不如好好思考如何利用新的形式来开发一些新的教学方法。

这点反过头来又要求教师对于技术本身有着较强的领悟和开发能力。说"术"没有"道"重要，自然是对的。但是因此忽视了技术，那传道就有失传的风险。通过我们对技术的熟练掌握，我们就会有更丰富的空间来更好地把道阐述好。

三、 言与默

写作云工坊参与人数是 1200 多人次，但是真正参与实质性互动的，应该不到 5%。在我们自己的小班课堂上，除非教师可以设置环节鼓励学生开口，否则真正主动的互动也相对较少。如何看待这种发言与沉默的人数比例关系呢？

沉默本身也是有意义的。线上教学与线下教学有一定不同。这就是线下教学的沉默，往往意味着走神。而线上教学则更可能意味着围观。线上教学所记录的课堂参与可能要比线下教学记录得更为真实。线下教学受制于现场环境，学生可能必须来到教室，但是他的注意力未必能够集中，而线上教学的形式较为松散，这时候本来不愿意进入课堂的学生本就不会进入课堂，而进入关注的学生应当就是对此具有一定兴趣的，并且参与到了课程播送的过程当中去。在这样一种情况下，即使学生并不主动发声，但是他们的围观也是具有重要意义的。

这一点从那些沉默的学生所写的反馈当中可以看出。

这点其实就像我们习以为常的中国网络生态,愿意发声的人总是少数,但是愿意围观的人相对较多。在线上教学的过程当中可能我们还要仔细研究此类传播规律对于教学活动所构成的影响。另一个值得考量的因素,是需要据此来重新估量大班教学中的教学效果,应当以何种数据来进行反馈和评估,可能需要通过多个指标、多种方式才能够真实把握大班教学的成果。

四、 变与恒

朋辈激励是本次写作课大班教学的特色之一。事实上,对于朋辈激励的策划早在学期之初就已经展开,本来也没有计划一定要利用线上的方式进行。但是通过一周的现场实践,教师们可能也会有这样的感觉,那就是朋辈分享虽然能够更好地帮助学生吃透理解上课所讲述的内容,但另一方面也会促使教师思考自己在教学过程中应当扮演的角色。

这其中一个最为直接的问题就是如何维持教学的新鲜度。第一周分享的十位学生当中有六位是我之前的学生，让我感到非常欣慰的是，他们都能够把我之前课上讲的内容熟练地重复出来，并且以自己的方式重新展现给新的学弟学妹们。但反过来，让我感到压力山大的就是如何把他们已经讲完的这些东西在后面的课程当中传授给新的学生。

当然这件事情对课程的新鲜度挑战还只是一个方面。课程的新鲜度同时还受到教师自身知识结构、学生背景、教师自身的倦怠感等多个方面的挑战。在原初的设想当中，写作课应当是一个长教长新的课程，这不仅是说在教学方式上应当与时俱进，而且要使得教师意识到每个学期所讲的内容都应当具有新意，所教授的写作主题也应当在数年当中反复轮换。

但这也并不意味着写作课所有的内容都要每次推倒重来。在这些探索当中，应当鼓励中心教师逐步发现并形成自己不变的旨归与风格，这些旨归与风格将构成他所教授的写作课未来衍生出别的可能主题的基本骨架。从写作中心的层面上来看，这些旨归和风格可能具有一些不同的个性，但又应当能够统一协调在写作课这样一个较为宏大的背景之下。

五、 师与生

　　紧接着思考的问题就应当是教师在写作课的建设过程当中，到底应当发挥什么样的作用。因为当我们逐渐淘汰主题的片段、基础的技巧、文献的整理等技术也好、知识也好的内容之后，教师本人还剩下些什么"屠龙之技"没有拿出来使用呢，或者说他还有什么招数是他已经教过的学生替代不了的呢？这个问题如果不想清楚，这个课程的前景也将会随着整个教师队伍能力的可替代性的增强而逐渐下滑。

　　下面我们谈的是一个应然的判断，而不是一个实然的判断。对于教师而言，他应当起到那种学生和学长没有办法起到的引导与培养的作用。这个作用既包括在现实当中通过言传的方式对学生的人生观、价值观以及他的知识结构体系进行重新塑造，也包括教师本人通过自己的行动不言而教，对学生产生潜移默化的影响。

　　只有我们意识到了这个问题，并且成功地立住了教师本人的不可替代性之后，小班教学真正的重要性才得以体现。它就是通过濡染观摩的方式，以近距离、小切口、深层次方式维持师生之间存在的人际关系"场"。这个场就构成了教育学生的最重要抓手，而这样的场，势必是局域的、短程的，不可能是长期有效的。

想通了这一点还有一个附加的效果，就是我们意识到了线上教学当中应当抓住的根本，就是维持师生之间的这种关联，这种场域。不管采取什么样的教学技术，都应当意识到师生之间的心意、气脉、思路的共通和共振，要比单纯几个知识点的检查和反馈，或者是收获一些学生与老师之间的泛泛之交要重要得多。

六、 瓶与酒

周末我们在班级的微信群中讨论维纳的《人有人的用处》。其中一个备受关注的话题是维纳本人认为美国人往往是知道怎么去做，但是并不知道应该做什么。当学生提问说，现在的研究人员到底是知道怎么做的人多、还是知道应该做什么的人多的时候，我突然想到的问题就是我们应当传授的东西是如何写还是写什么。这与上面一个问题结合起来就是如何在能力培养当中渗透价值塑造的事情。

瓶子重要吗？瓶子当然重要，没有瓶子就装不了酒，但是只有瓶子肯定是不行的，瓶子里头能装什么样的酒也需要我们提前思考。但这句话也并不意味着瓶子和酒是可以随便组合的。不同的酒应当装在不同的瓶子里头，反过来说有了不同的瓶子，它们能装的酒也应当是不一样的。

我们是能造瓶子还是能造酒呢？事实证明我们能够造瓶子，但是对于造酒这件事情我们是没有十足的把握的。教会学生把瓶子造好是一个技术性比较强的活儿，我们可以通过各种能力培养的方法让他掌握这种能力，并且在实践当中进一步提高这种能力，一直到他可以用这个瓶子装他自己酿出来的假酒。但是这个时候如果我们更进一步，一定要他自己酿出真酒来，这就是一个莫大的难题，不用说对于写作课的授课对象，即使是那些真的需要造酒的作坊，也未必都能造出真酒来。

那我们还能做的是什么呢？我们能够做的是让这个瓶子识别出什么样的酒是真酒、什么样的酒是假酒，进而在真酒当中分出什么样的酒是好酒、什么样的酒是坏酒。这个问题是我们能够处理的。但同时，它也几乎就是我们能力的极限了。

七、 点与面

当然下面的讨论对于写作课成立，对于别的任何一门课程也都成立。我们仅仅是一个点，但这个点在三个光锥的会合线上：某个学生从小到大的成长历程；一个学校不同类别的培养方案；学校乃至国家通识教育发展的历程。上面这三条线其实是三类线，它们处在三个不同的平面上，彼此之间有夹角，如果把这些平面都累加起来，就构成了整个的空间。

我们的力量有时候很大，有时候又很小。很大是因为我们真的身处这个体系当中，如果这个点很关键，就会发挥举足轻重的作用。但是说到底，我们也只是一个点。这个点要么是服务于整个体系，要么是在潜移默化当中对某根线造成了某些偏折。至于他们到底是不是因为我们而造就了什么为别人记录下来的好事儿或者是坏事儿，我们都不一定能够被列到原因当中去。

但这就是教育的本心。"桃李不言，下自成蹊"，"功成而弗居，夫唯弗居，是以不去"。作为教育者的我们要有这种胸襟，也一定有这种胸襟。

卡尔·萨根曾经为旅行者一号回头拍地球散落在茫茫星尘中间的照片写过一段有名的话：

我们成功地（从外太空）拍到这张照片，细心再看，你会看见一个小点。再看看那个光点，它就在这里。那是我们的家园，我们的一切。你所爱的每一个人，你认识的每一个人，你听说过的每一个人，曾经有过的每一个人，都在它上面度过他们的一生。我们的欢乐与痛苦聚集在一起，数以千计的自以为是的宗教、意识形态和经济学说，所有的猎人与强盗、英雄与懦夫、文明的缔造者与毁灭者、国王与农夫、年轻的情侣、母亲与父亲、满怀希望的孩子、发明家和探险家、德高望重的教师、腐败的政客、超级明星、最高领袖、人类历史上的每一个圣人与罪犯，都住在这里——一粒悬浮在阳光中的微尘。①

我们确实是个点，但是我们可能就是那样一个暗淡

---

① 卡尔·萨根：《暗淡蓝点：展望人类的太空家园》，叶式辉、黄一勤译，上海科技教育出版社 2000 年版。

的蓝点。

（原载《新清华》2020 年 3 月 13 日第 7 期）

名师与高徒

常言道，"名师出高徒"，又有人说，"高徒出名师"。因此优秀的学生往往选择更优秀的老师，好老师也会有意识地选择好学生。对于一般人才，这两句话大概是对的。但对于顶尖人才，这话还成立吗？

金庸武林中有两大门派出镜率极高，一曰少林，二曰武当。很有意思的是，"天下武学出少林"，但除了达摩老祖，少林没出过一个天下第一高手，就连第一梯队的都很少，每次都沦为正派或反派踢馆打怪的陪衬。而武当除了不世出的张三丰，还出过武当七侠、冲虚、陆菲青、张召重等一批绝顶高手。算起来，少林建寺一千六百年，武当只是它的零头，有如此成绩，是少林输了一筹。

但反过来想，江湖人士为何还愿意来少林踢馆扬名呢？仔细看少林的武学造诣，虽无绝顶高手，但一流高手始终维持在一个相当的数量与水平上。宋代的天龙时期，有玄慈、玄苦、玄痛、玄悲等一批，到了射雕与神雕时期，依然有无色、无相等人，倚天中有见、闻、智、性四大神僧，笑傲江湖有方证、方生，即使在武学式微的鹿鼎记时期，依然有晦明、澄观、澄心等好手。反观武当，人才输出就有些不均衡。张三丰七个弟子，顶尖高手也只有两个半（宋远桥、俞莲舟，张翠山算半个），俞岱岩、殷梨亭说白了都打不过普通一流高手，至于第三代，如果不算张无忌，就只有宋青书了，而宋青书根本排不上号。

毋庸置疑，少林武当都是顶尖门派，招来的门徒也都是同时代的佼佼者。但如果用现代人的话总结一下，上述少林与武当的区别，可能就是少林多高原而少高峰，武当多高峰而少高原。这种现象，与它们的发展思路有关。

少林是典型的规范化办学、精细化管理、专业化研究，有达摩院、般若堂等研究机构，强调规范与基础。韦小宝想学一指禅，问澄观怎么练，澄观告诉他，"咱们少林派武功循序渐进，入门之后先学少林长拳，熟习之后，再学罗汉拳，然后学伏虎拳，内功外功有相当根柢了，可以学韦陀掌。如果不学韦陀掌，那么学大慈大悲千手式也可以……不论学韦陀掌或大慈大悲千手式，聪明勤力的，学七八年也差不多了。如果悟性高，可以跟着学散花掌。"再往上，还要学波罗蜜手、金刚神掌、拈花擒拿手、般若掌、易筋经，才能"初窥一指禅门径"，最快也要三四十年。七十二绝技博大精深，全寺千余年也无一人贯通，都只精研一两门。这种办学模式的好处是学生基础扎实，专业素质高，中才之人也可以经过训练获得足够的技能。但对于天才人物而言，这就未免有些限制他们的发展空间。历代少林弟子中都有一些练功走火入魔之人，未尝不是这个原因导致的。

反观武当，几乎处在放养状态。张三丰本人有七个徒弟，但自己真用心教的，也不过宋、俞二人，后面对张翠山是心有偏爱，才传他几招。并且弟子精进，全靠自己研究，张三丰动不动就闭关一年、不上课自己搞研究去了。俞莲舟自创"虎爪绝户手"，张三丰看了后只改了个名字。并且张三丰当老师，绝对是个教评很差的老师，传张无忌太极拳剑，一句话不说，全靠学生天分自悟，还问他"忘了多少"，亲徒弟俞岱岩看了只能懂个三成。这种教法，若是遇上天才学生，自然是如鱼得水；但若是学生资质一般，甚至品行有问题，也难免走上邪路，如宋青书和张召重。

能产生高原，需要的是持续有效、可实现代际重复的人才养成路径。但这种路径势必是规范大于个性的，甚至是泯灭个性的。是以少林弟子行走江湖，武功路数一望而知，彼此之间重视辈分年资，有严格的排行名号。而要产生高峰，则需要宽松的环境，在宽松的环境下，人才才能自发长成、脱颖而出。因此觉远与张三丰这样不合规矩的武学奇才就很难见容于少林寺；反过来张翠山与张无忌也正是误打误撞才能有所成就。

名师是不是一定出高徒？不一定，事实上绝大多数名师，其徒弟都没有超过他们的成就。反倒是未必成名（但也不能太差）的老师，可能培养出真正的高徒。不然，试看那些名师自己，也未必都出自名门吧。但是名师至少能出中徒，或者不至于出劣徒，而过于宽松则要承担出劣徒的风险。因此，高峰与高原往往不可兼得，具体选择哪条道路，就要看老师本人的培养目标和接受底线了。

由此会想到，从前有朋友来交流选择博士生导师的问题时，我曾建议说，如果你已经很有自己的科研思路和想法，那么选择一位比较宽松、资金充裕的导师，他能够为你的发展提供充足的空间，并且不横加干涉；如果你并没有什么想法，也不知道应该往哪个方向努力，那么就要选择一位有自己明确的想法，可以带着你、甚至手把手教你如何工作的导师。这可以说是从高徒视角来看名师的思考。

单看师生关系，名师与高徒的关系如此。推而广之，名校与优生的关系，或许也是类似的吧？可供有识者借鉴。

（2020 年 1 月 4 日）

"以其昏昏，使人昭昭"的教学

　　和同事们吃饭时聊起，在学校里通常能看到三种老师。第一种老师往往是学生最喜欢的，他们对于所讲授的课程内容非常了解，自己能够讲清楚课程的主要内容，并且也能够用办法让学生明白这些内容，大部分明星老师都属于这一款。

　　第二种则稍微差一点，他们自己可能对讲述的内容非常了解，但是茶壶装饺子倒不出来。又或者是所谈论的问题太过深刻，以至于学生无法理解，也有可能是使用的教学方法不当。总之，学生虽然能够感受到老师对这一领域知识的充分自信，但没办法从他那里获得更多的知识。其实这并不能否认这些老师也是好老师，只不过对于学生来说收获感可能会小一点，或者只有对于特定的学生才有效。

相对来说有些教学质量不高的是第三类老师。他们自己对所教的内容钻研不够深入，可能并不是由于学科知识的缺乏，而是没有时间或者没有兴趣整理教学内容。而学生在课上也没法得到系统完整的教育，只能得到一鳞半爪的零星知识，因此也陷入了迷惑的状态。这种老师的课虽然上不出什么名堂，但是他的考试和其他测验一般都还比较容易通过。俗话说"麻秆儿打狗——两怕"，他们自己没明白，也不好让学生难堪。当然，我们希望这种老师在高校不要太多。

总结来看，上面三种老师可以分别概括为"以其昭昭，使人昭昭""以其昭昭，使人昏昏"和"以其昏昏，使人昏昏"三类。这倒不失为一个简单的划分，但马上会产生下一个问题，第四类老师存在吗？"以其昏昏，使人昭昭"的老师会有吗？

看起来这非常违背直觉：自己都讲不明白，怎么可能让学生明白呢？但是事实上还真的存在这样的老师，只不过是相对罕见的。对他们的学生而言，这些老师在课堂上的缺陷，反倒成了学生自己探究和求索的起点。随着自主学习进程的推进，学生也就逐渐明白了，笔者自己做学生时就有多次这样的体验。

如何评价第四种老师呢？如果单从老师自身的水平而言，可能他们并不见得出色，也有可能他们的学术水平很好而教学水平并不见得出色，后者在第四类老师中应该是更多数的。但是就结果而言，不管白猫黑猫，他们总是抓住老鼠了的，因此似乎又应当算是好老师。但是，很有可能他们在一般的教学考核当中不会占有什么优势。

不过另一个事实也很有可能。那就是只有第四类老师才真正完成了创新的教育，前三类尤其是第一类老师，往往能教出成绩优秀、善于解答问题的好学生，却不太容易带出具有创新能力的学生。

乍看之下好像有点奇怪，但其实背后的原因也不难总结。真正的创新过程总是从未知走向已知的过程，也就是说总是从"昏昏"走向"昭昭"的过程。课堂上的教学活动设计得过于完美，学生就始终陷在库恩所谓的常规科学"解谜"范式当中，习惯了被知识包裹的感觉，从这里走向创新是需要其他步骤来推动的。而只有那些有缺陷的地方，才能够诱导和启发学生去进行自主的探究和钻研。或许这个答案依然是已知的，但已经不是课堂所给予他们的了，他们也因此在这场演习当中收获了创新的能力。

美国人常说，fake it until you make it，与我们刚才所谈的从缺陷走向创新的过程相似。引导创新的教学，应当是扶上马、送一程，而不能全程代驾，这个过程不仅要允许学生犯错，也要允许老师犯错，甚至要在教学环节中主动设置错误。倒不一定是每个老师都要成为第四类老师。这种老师也是可遇而不可求的，并且拙劣的模仿也未必特别有效。但有意识地给学生留下空间，适当扮演"昏昏"的角色，总是值得每一位教育者思考和探索的。

（2021 年 12 月 1 日）

跋

鸿都生问曰："君何故弃故业、捐旧僚，舍身而入新坑乎？"

听石子对曰："是亦难为人言也。仆虽蒙师友恩惠，窃名盗誉于此，亦自知才薄行鄙，不足以忝君子之列、从大人者游。又性自荒疏，不能从流俯仰、共赞时业。于人亦不能推心置腹，每拘死理而不变通，泥定见而忘同盟。此皆教训斑斑在心者，日思夜想，未尝不深自引咎也。倘再撦拾旧业，叨食于高门之下，适足日日见辱，是区区所不能堪，唯君谅之。"

鸿都生问曰："然则遂将弃学问之道乎？"

听石子对曰："唯唯，否否，非仆之所愿也。请原其本。仆之出身，非有金帛诗书之传、令爵显术之授，生长山野穷庐，目诵数卷残编而已。幸以猥术，超中大举，得登上庠之门，而接时贤之会。方其入京之时，气雄万夫，眼高于顶，而于学问一途真实之道未闻一词，更不知科研、导师、出国、番话之类究为何物。于是炫智卖慧，掉弄口舌，而同学者或正渊默，遂偶擅暴名，而终于浮华无依，同沉于俗，此仆今日所悔者也。

"既入监院，方始窥其门径，而知其甘苦云何。窃自不善交友，每以自惭身分，不敢贸然请教于先达，于是教训不闻。所学无根底，好高言危论，又无通人指点，于是误入歧路，后虽欲强矫之，已无能为于大局。方今西海东海，学人蜂起，门户林立，人云亦云者甚众，君之所知也。而仆素不能与好谀者游，又多固执，每有不合，气辄不平，此亦不能见容，更无由得贤人君子为之奥援。凡此数端，俱为求学者患，而仆悔之晚矣。

"会群友相邀，仆亦尝侧身其中，摇动鼓吹，激扬文字，考诸行事不及，诉诸空言有之。而私心常为自保，执论亦不敢偏执。尝泥于庸理而昧于是非，不自量力，妄做解人，伤同袍以回戈，惊雁阵而自遁。痛定之后，深自悔过，于是知所谓门户同异、攻守相斗，皆自萌于人心，原无介于长幼。此仆所以大幻灭于此道之真由也。

"然则学问之于人生，本非如此。仆每读韦伯之《以学术为业》，未尝不掩卷而叹也。假令昔日无因求学，则或可径自抽身以退。而今西北纵光，盘中暗谜已破；地数未成，三灾利害难逃：此所谓'鸟入青云倦亦飞'者也。仆虽不敏，亦颇知去就之分、取舍之途。前所谓幻灭者，实非幻灭于学术，而于其人也。是故宁舍旧途而赴新道，去故业而宅新居，虽亦机缘凑泊，实乃私心早许。

"噫！少年意气，覆水难收。仆以无能，自废于是道光大之时，已足为诸同学君子笑。倘令仆鄙陋没世，其论遂定，此为求名者所不能堪。所以朝乾夕惕，关山力尽，亦不敢稍忘其来处。倘能再邀侥幸，出得圈子，是仆此身所许无涯之事也，而共君等一哂。今贤君子问其道之废否，仆是以答，唯君察之。"

其辞曰：

仙人结顶祝长生，白发乌鬓碧眼眸。
独鹿榛林寻苦药，挈云已到第七层。
雷惊电啸风飘散，水漫金销火气增。
铅汞丹头脱裂鼎，玉瓯银釜亦枉盛。

青方底下绿荫生，半作低眉半作眸。
直入渊深低咏处，古神隐隐在高层。
心魂摇感光锥漏，坐地观星目似增。
涛动无边天作岸，克苏鲁在夜中盛。

大浪推舟只此生，诺恩线上比目眸。
如何牝牡邦家事，皆是重楼最底层？
玄体修门非内外，观心此在妄无增。
赤星坠落清明处，直似佛前屎溺盛。

飘零乳海波澜生，黑石礁边缓缓眸。
祖凤吐芳重译语，求占再到灵龟层。
千峰百壑龙归处，三世九州炁自增。
即色即空捞月影，全真刍狗一掬盛。